KB069601

문제행동 뒤에 숨어 있는 트라우마

트라우마

– 지적장애인을 위한 트라우마 기반 행동중재 –

Karyn Harvey 저 | 강영심 · 손성화 공역

Trauma-Informed Behavioral Interventions
What Works and What Doesn't

학지사

역자 서문

모든 인간은 다양한 트라우마를 겪으며 살아간다. 트라우마는 언제, 어디서, 누구에게나 일어날 수 있다. 우리가 일상에서 경험하는 부정적 경험이 타인에게는 비록 사소한 것이라도 개인에 따라 트라우마가 될 수 있다. 지적장애인도 마찬가지이다. 우리가 보기에 별일 아닌 것처럼 보이는 것에도 지적장애인은 스스로 감당할 수 없는 크고 작은 심리적 반응과 함께 다양한 행동문제를 나타낸다. 외부에서 보기에는 지적장애인의 문제행동이 부적응적이어서 고쳐야 하는 것처럼 보이지만, 행동의 원인을 깊숙이 들여다보면 의도를 가진 행동이라기보다는 실제로 그 상황을 벗어나기 위해 혹은 살기 위해 발버둥 치는 생존반응일 가능성이 있다.

문제행동을 바라보는 관점과 접근법은 다양하다. 그러나 최근의 특수교육 현장은 행동주의가 밑바탕이 된 긍정적 행동지원 또는 응용행동분석의 중재방법이 지배적이다. 이 접근법은 행동의 기능을 파악하고 잘못된 행동을 처벌하는 대신 대체행동을 교수한다는 측면에서 의미가 있다. 이를 통해 학업과 사회적 관계에서 일어나는 문제행동의 부정적인 결과를 막을 수 있다. 하지만 통제된 환경에서 조건부 강화를 통해 지적장애인의 행동을 통제하는 것에만 초점을 두게 되면, 이로 인해 지적장애인이 트라우마를 재경험할 수 있다. 학령기를 지나 지역사회에서 생활하는 지적장애성인의 경우 행동의 기능을 분석하고 그에 맞게 중재를 한다는 것은 거의 불가능하다.

역자들은 오랫동안 행동주의적인 방법으로 중재를 받았음에도 불구하고 여전히 도전행동과 문제행동을 보이는 발달장애인을 만나면서 트라우마에 대해 관심을 갖게 되었다. 발달장애인의 문제행동으로 나타나는 내면화 행동과 외현화 행동이 트라우마에 기반한 반응과 너무도 유사했기 때문이다. 이후 트라우마에 대한 다양한 도서와 논문을 읽고, 연구하고, 트라우마 관련 세미나와 워크숍에 참여하였다. 특수교육 현장에도 문제행동을 바라보는 관점에 변화가 절실히 필요하다는 인식을 하게 되었고 그러한 과정에서 이 책을 접하게 되었다.

이 책은 30년이 넘게 다양한 기관에서 행동분석전문가이자 임상심리사로 지적 및 발달장애인의 행동문제에 대해 컨설팅을 한 저자의 실제적 경험을 다루고 있다. 저자가 여러 현장에서 긍정적 행동지원에 따른 중재계획을 제공하며 경험했던 다양한 실패의 원인, 구체적인 경험과 사례는 우리로 하여금 많은 것을 배우게 한다. 또한 지적장애인의 문제행동을 바라보는 관점의 전환과 더불어 행동중재 시 무엇을 주의해야 하는지, 그리고 무엇을 해야만 하는지를 자세하게 알려 주고 있어 현장에서 많은 도움이 될 것이다.

특히 이 책은 지적장애인을 자녀로 두고 있는 부모나 일과 중 많은 시간을 지적장애인과 함께하는 교사에게 도움이 될 것이다. 부모나 교사가 지적장애인에게 먼저 안전한 존재로 다가가 이들의 트라우마를 공감하고 전인격적으로 바라보기 시작하면 지적장애학생의 문제행동은 크게 줄어들 수 있다. 미래에 교사가 될 교육대학이나 사범대학의 학부생과 대학원생, 현장에서 장애인의 문제행동으로 많은 고민을 하는 복지 관련 종사자와 치료사에게도 중요한 정보를 제공할 것이다. 이 책이 지적장애인의 사례를 중심으로 구성되어 있지만 사실 우리 모두의 상황에 적용될 수 있다고 확신한다. 트라우마에 기반한 인간의 이해는 개별성을 가진 인간의 삶을 오롯이 존중하는 데서 출발하기 때문이다. 이 책이 각자의 트라우마를 만나 자신을 이해하고 성장하는 기회가 되기를 바란다.

책을 번역하고 출판하는 과정에 여러 분의 도움을 받았다. 책 표지에 그림(작품명: 노려보는 마모셋)을 실을 수 있도록 기꺼이 허락해 준 발달장애인 예술작가 심승보 씨께 고마움을 전한다. 역자들은 표지 디자인을 고민하던 차에 심승보 작가의 전시회를 관람하게 되었는데, "자신의 영역을 누군가가 침범할 때 다급하게 상대를 노려보고 으르렁거리며 달려들지만, 정작 표정에는 긴장과 불안이 매우 가득하다. 위기가 닥치면 작은 몸으로 자신을 보호하려는 모습이 나와 같다."라는 작가의 설명이 이 책의 내용과 잘 부합했다. 그리고 책을 번역할 동기를 준 부산대학교 평생교육원 꿈나래대학의 발달장애 학생들에게 감사하다. 장애를 가졌다는 이유만으로 학령기 동안 따돌림과 놀림, 지속적인 학교폭력 속에서도 꿋꿋하게 자신의 삶을 살아온 우리 학생을 생각하면 가슴이 아려 오면서도 그들의 삶이 숭고하기까지 하다. 앞으로 이들이 있는 그대로 존중받으며 행복하게 지내게 되기를 진심으로 응원한다. 마지막으로 번역서의 출간에 도움을 주신 김진환 사장님을 비롯한 학지사 관계자와 세심하게 교정과 편집을 해 주신 이수연 선생님께 진심으로 감사드린다. 아무쪼록 이

책이 우리가 장애인의 문제행동을 새로운 시선으로 바라보고 장애인을 진심으로 공감하고 지원하는 사회공동체를 만드는 데 유용한 안내서가 되기를 간절히 바란다.

2022년 9월

강영심, 손성화

저자 서문

　지적장애인의 문제행동을 어떻게 생각하는가? 누군가를 조종해서 원하는 결과를 얻기 위해 의도적으로 그런 행동을 하고 있다고 생각하는가? 아마 그렇게 생각한다면 학교현장에서 오랫동안 행동분석에 기반을 둔 패러다임을 적용했기 때문이다. 이 접근법의 효과에 대해 의문을 제기하는 경우는 거의 없다.

　최근에 나는 청각장애와 지적장애가 있는 젊은 여성이 전통적인 행동중재를 받고 난 후 일어난 사건에 대해 알게 되었다. 그녀는 계속 비명을 지르고 울면서 관심을 받으려고 애썼다. 심리학자는 문제행동에 대한 기능평가를 실시하여 그녀가 주의를 끌기 위해 그렇게 하고 있다고 결론지었다. 의사는 한 번의 건강진단을 통해 그녀가 신체적으로 별다른 이상이 없는 것으로 판단했다. 그녀는 계속 고통을 호소했지만 다른 검사를 받지 못했다. 일반적으로 장애가 없는 사람은 명백한 원인이 없으면서 통증이 계속되는 경우 종종 MRI, CAT 스캔 또는 초음파 검사를 받도록 한다. 하지만 이 여성에게는 그렇게 하지 않았다. 심리학자는 신체적인 문제가 없다고 확신했다. 그는 종사자에게 그녀가 울며 소리 지를 때 무시하도록 행동중재계획을 제시했다. 몇 주 후, 여자는 죽었고 사망의 원인을 알 수 없었다. 부검으로도 원인을 규명하지 못했다.

지적장애 분야에서 이런 비극적인 사건을 접하는 것은 이번이 처음이 아니다. 도움을 청하는 외침은 종종 주의나 관심을 끌기 위한 의도된 행동이라 해석한다. 그 결과 이를 해결하기 위한 과정은 주로 울음을 무시하거나 '적당히' 이해되는 구어적 표현에만 집중하는 것이다(Clements & Martin, 2002). 치료 시스템이 있음에도 불구하고 적절한 의료적 치료를 받을 수 없다고 상상해 보라. 당신이 고통을 호소하더라도 사람들이 당신을 무시하고 오히려 책망한다고 생각해 보라. 고통에 대한 호소가 삶과 죽음의 문제로 연결된다고 상상해 보라.

이 여성은 신체적 트라우마를 가진 상태였다. 가혹하지만 이 예는 실제로 일어났다. 또한 많은 지적장애인은 정서적 트라우마를 가지고 있다. 사실, 이러한 문제의 핵심은 많은 행동문제를 정서적 트라우마의 표현이 아닌 원하는 반응을 얻기 위한 시도로 본다는 것이다. 지적장애인이 보이는 문제행동은 외상후 스트레스장애(Posttraumatic Stress Disorder: PTSD)를 가진 사람의 행동 프로파일과 놀랄 만큼 유사하다. 주디스 허먼(Judith Herman, 1997)에 따르면, 외상후 스트레스장애는 두드러진 3가지 증상을 가진다. 첫째, 안전하지 못하다고 느낀다―지적장애인은 위협을 느끼거나 안전하지 못하다고 느낄 때 공격행동을 보인다. 둘째, 무가치하다고 느낀다―과거에 지적장애인의 감정이 존중받지 못하고 트라우마 기간 동안 인간적으로 대우받지 못한 경험이 지속적으로 이어져서 현재 무가치하다고 느낀다. 셋째, 다른 사람과 단절된 것처럼 느낀다.

나는 이러한 증상이 지적장애인의 상태를 직접적으로 반영한다고 확신한다. 지적장애인들은 안전하다고 느끼지 않는다. 또 대부분의 경우 다른 사람과 전혀 연결되어 있지 않고 무기력하며 세상과 연결되어 있다고 느끼지 않는다. 지적장애인은 종종 자신이 처한 환경에서 가장 가치가 없고 가장 무시당하고 가장 취약한 편이다.

『정신질환의 진단 및 통계 편람 제5판(DSM-5)』(American Psychiatric Association, 2013)에서는 외상후 스트레스장애를 다음과 같이 정의한다.[1]

실제적이거나 위협적인 죽음, 심각한 부상, 또는 성폭력에의 노출이 다음과 같은 방식 가운데 한 가지 또는 그 이상에서 나타난다.

- 외상성 사건에 대한 직접적인 경험
- 그 사건이 다른 사람에게 일어난 것을 생생하게 목격하거나 가족, 가까운 친척 또는 친한 친구에서 일어난 것을 알게 됨
- 외상성 사건의 혐오스러운 세부 사항에 대한 반복적이거나 지나친 노출의 경험

(American Psychiatric Association, 2013, p. 290)

제럴도 리베라(Geraldo Rivera)의 다큐멘터리 〈윌로우브룩(Willow-brook)〉(Primo & Rivera, 1972)을 본 적이 있다면 장기 보호시설에서 살아남은 사람의 경험이 『정신질환의 진단 및 통계 편람 제5판』에 설명된 내용과 일치함을 알 수 있을 것이다. 지적장애인을 위한 기관이나 시설에서 일하는 많은 사람은 지적장애인이 살면서 오랫동

---

[1] 역자 주: 내용 개정으로 인하여 원서에 제시된 DSM-IV 대신 DSM-5를 제시함.

안 견뎌 온 트라우마를 간과하기 쉽다. 또한 트라우마의 영향을 과소평가하기 쉽다. 트라우마의 영향으로 지적장애인의 행동은 우리가 오해할 수 있는 다양한 방법으로 광범위하게 나타난다.

실제로 우리가 지적장애인의 '행동문제'로 인식하는 많은 반응이 트라우마의 표출이고 트라우마에 근거한 반응일 수 있다. 사회에서 지적장애를 가지고 사는 것 자체가 트라우마이다. 학대와 무시, 무가치를 지속적으로 경험하는 것은 트라우마를 악화시킨다. 나는 트라우마의 징후와 영향이 행동으로 나타나지만 실제로는 외상후 스트레스장애의 명백한 증상인 트라우마 기반의 반응이라고 주장한다.

이 책에서 나는 먼저 지적장애인이 일상적 행동에 대한 '행동주의적' 접근으로 인하여 어떻게 피해를 입어 왔는지 간략하게 제시할 것이다. 다음으로 행동주의적 접근이 놓치고 있는 것을 보여 주고자 한다. 행동주의적 접근은 지적장애인의 욕구를 충족시키지 못했을 뿐만 아니라 오히려 개인을 잘못 진단하였으며, 긍정적이든 부정적이든 과도한 행동 통제로 인해 트라우마 반응을 촉발했다.

마지막으로, 나는 행동주의적 접근 대신에 우리가 반드시 해야 할 일에 대해 설명할 것이다. 7~10장에서는 안정화, 예방, 중재 그리고 정신건강계획에 관한 주제를 다루고 있다. 11장은 트라우마와 관련한 중요한 이슈를 소개하고 안전감을 증진하며 통제가 필요 없는 행동중재 모델을 제안한다. 다양한 사례를 소개할 것인데 모든 이름과 관련 세부 사항은 개인, 종사자 및 기관을 보호하기 위해 변경되었다.

내가 제안하는 정신건강계획 견본에는 소규모 및 대규모 집단으로 트라우마를 경험한 사람들을 지원하는 방법이 들어 있다. 나는 실제 사례 연구를 통해 이러한 접근 방식의 예를 제공하고, 최적의 실행을 위한 계획을 수립하는 방법을 보여 주고 있다. 나의 목표는 지적장애 분야와 지적장애인의 복지에 헌신하고 있는 성실한 전문가와 준전문가에게 지적장애인을 심리적으로 지원하는 더 나은 방법을 제공하는 것이다. 확신하건대, 이를 위해서 두 가지 패러다임이 필요하다. 하나는 트라우마 기반의 패러다임, 다른 하나는 트라우마에서 완전히 회복하는 데 필요한 요인을 확립하는 데 토대가 되는 접근이다. 지적장애인이 트라우마에서 회복하면 행동이 바뀐다. 지적장애인이 회복하면 행복이 시작된다.

참고문헌

American Psychiatric Association. (2013). *Diagnostic and statistical manual of mental disorders* (5th ed., text revision). Washington, DC: Author.

Clements, J., & Martin, N. (2002). *Assessing behaviors regarded as problematic for people with developmental disabilities*. New York: Jessica Kingsley Publishers.

Herman, J. (1997). *Trauma and recovery*. New York: Basic Books.

Primo, A. T. (Producer), & Rivera, G. (Correspondent). (1972). *Willowbrook: The last great disgrace* [Video].

차례

1
문제를 해결하려다
문제를 악화시킬 수 있다

때때로 지적장애 심리 분야에서 지적장애인의 문제행동을 해결하기 위해 실시한 방법이 실제로는 문제를 더 악화시켜 왔다. 행동문제를 그 사람의 생각, 감정, 느낌, 경험과 별개로 보는 경향이 있다. ABC(선행사건, 행동, 후속결과)는 개인의 독특한 특성을 살펴보지 않고도 파악할 수 있다(Mahoney, 2002). 그러나 개인의 고유한 경험, 그 사람이 그동안 살아오면서 겪어 온 트라우마와 트라우마와 관련된 감정을 무시할 때 행동중재는 개인의 내적 상태를 악화시킬 수 있다. 트라우마를 더욱 심각하게 재경험시키는 촉발요인이 될 수 있다.

사례

 데니

학령기 준비교육을 받아야 할 4세 아이가 비명을 지르는 사람이 많고 방치되어 지독한 오물 냄새로 가득한, 엉망진창이 된 시설에 홀로 남겨져 있는 것은 전혀 정상적이지 않다. 데니(Denny)의 사례를 한번 보자. 35~40명의 아이를 돌봐야 하는 종사자는 의미 있는 방법으로 그를 돌볼 수 없었다. 데니는 40세가 되어서야 그 시설을 나와 지역사회기관에 들어갔는데, 데니의 행동이 불안, 두려움, 공격성으로 가득 찬 것은 너무도 당연한 것이었다.

주간 프로그램에 참여한 첫날, 데니는 구석에 웅크리고 있었다. 누군가가 그에게 가까이 가려고 하면 의자를 던졌다. 데니는 이전 시설에서 같이 살았던 한 사람하고만 말을 했다. 데니가 말을 할 때는 한 단어나 두 단어 문장으로 이야기했다. 집에서 데니는 게걸스럽게 먹고 종사자가 목욕하는 것을 도와주려고 하면 숨어 다녔다. 몇 주 후 종사자는 데니의 방어적인 행동을 잘 관리하며 의사소통을 할 수 있게 되었다. 데니는 한두 명의 종사자와 관계를 맺고 의지하며 안정을 찾았다. 데니는 많은 양의 항정신성 약물(Haldol)을 복용했음에도 불구하고 여전히 자주 흥분했고 갑작스럽게 의자를 던지고 테이블을 엎었다.

그러나 시간이 지나면서 데니는 점점 더 편안해졌다. 주간 프로그램의 종사자는 데니가 프로그램 관리자의 주변에 있을 때 가장 불안해하는 것을 발견했다. 프로그램 관리자가 방에 들어갔을 때 데니는 비명을 지르고 물건을 던지기 시작했다. 데니는 의자를 천장 위로 던져 패널 몇 개를 부쉈다. 종사자는 프로그램 관리자에게 데니로부터 떨어져 있으라고 충고했다.

자문할 심리학자가 투입되었다. 기관장은 심리학자에게 주간 프로그램을 위한 행동계획을 작성해 달라고 요청했다. 특히 '기물파손 금지'가 요구사항이었다. 심리학자는 책상으로 칸막이가 되어 있는 넓은 방에 앉아 중얼거리는 데니를 관찰했다.

심리학자는 3분 동안 데니를 관찰한 후 종사자 면담을 했다. 3주후 '행동관리계획'이 전달되었다. 심리학자의 조교가 그것에 따라 종사자를 훈련시켰다. 행동관리계획에는 데니가 중얼거릴 때 무시하고, 기물을 파손하면 데니의 두 손을 뒤에서 꼼짝 못하게 잡고, 다른 사람을 폭행하면 강압적으로 바닥으로 눌러 제지하는 것이 포함되어 있었다. 데니가 기물을 파손하지 않고 사람을 때리지 않은 날이면 50센트를 받아서 탄산음료를 사서 마실 수 있었다.

몇 주 후, 종사자들은 최선을 다해 행동관리계획을 따르며 데니를 바닥으로 끌어내리느라 바빴다. 데니는 히스테릭하게 소리를 지르고 있었다. 데니는 시설에서 지속적으로 학대(시설에 함께 사는 사람들의 폭행, 종사자에 의한 폭력적인 제지 등)를 받으면서도 참고 버티며 계속 살고 있었던 것이다.

시설의 종사자는 행동관리계획에 제시된 내용을 충실히 따르며 데니를 관리하였다. 그동안 데니는 겁에 질렸고, 그 종사자가 데니를 제압하여 멈추게 하는 동안 데니는 두려움을 넘어서서 허우적거렸다. 데니는 마침내 포기했다. 종사자들은 데니가 진정되었고 행동관리 절차가 효과가 있다고 생각했다. 그 효과는 그들에게 인상적이었다. 하지만 데니는 좋아하는 마음이 생겨 가까워지고 싶었던 몇몇 종사자도 신뢰할 수 없다는 것을 깨닫고 모든 사람에게서 더 멀어졌다. 며칠 후 데니는 더 큰 불안과 두려움으로 자신을 제압했던 그 종사자를 바로 공격했다. 데니에게 최고의 방어는 공격이었다.

이번에는 종사자가 그의 공격적 행동을 더 빨리 제압하며 대응했다. 왜냐하면 데니를 제압하는 것이 더 일찍 그를 진정시킨다고 믿었기 때문이다. 데니는 이 사람들이 안전하지 않다는 것을 알았기 때문에 얼른 포기했고, 과거 자신을 몸으로 제압했던 다른 사람처럼 벗어나려고 하면 자신을 더 해칠 것이라고 생각했다. 그래서 두려움, 공격, 통제, 더 큰 두려움, 더 큰 공격, 더 많은 통제의 악순환의 고리가 계속 강하게 이어졌다. 종사자가 행동관리계획에 따라 실시한 결과, 데니의 공격성은 줄어들지 않았고 오히려 더욱 심해졌다. 데니는 계획에 제시된 보상을 결코 받을 수 없었다. 종사자들 역시 데니가 공격의 징후를 보이는지 지켜보다가 조금이라도 그 징후가 보이면 폭력을 통제하느라 데니에게 어떤 칭찬의 말도 할 수 없었다.

　행동중재 팀은 그동안의 자료를 검토하였고 데니에게 더 많은 약물 투약이 필요하다고 결론을 내렸다. 결국 데니의 공격성을 통제하기 위해 약을 늘려야 했다. 약물에 취한 데니는 더 느리게 반응했다. 그러나 그 약은 데니의 두려움을 누그러뜨리는 데 도움이 되지 못했다. 데니는 자신에게 가해지는 공격에 대비해 자신을 방어하고자 전력을 다했을 것이고, 그의 생각이 옳다는 것을 확인해 주듯이 종사자는 데니를 제지하였을 것이다. 이제는 데니의 반응이 이전에 비해 훨씬 더 느리기 때문에 천천히 여유롭게 데니를 제지하면 될 뿐이었다.

　데니는 종사자가 자신에게 명령하거나 비웃어서 안전하다고 느끼지 않으면 자신을 방어하듯 "가겠어…… 가 버릴 거야."라고 몇 번이고 말했다. 종사자는 데니의 말을 따라 하면서 비웃기 시작했다. 데니는 점점 더 약물에 취했으므로 아무도 그를 두려워하지 않았다.

　이것은 지역사회에 배치되었을 때 초기단계의 행동관리에서 야기될 수 있는 시나리오였다. 행동은 방어적이었으며 제지가 가해졌고, 제지를 받은 사람의 입장에서 두려움이 더 커졌다. 두려움으로 인해 공격적인 행동이 더 자주 일어났고 결국에는 정신과 의사의 처방으로 복용할 약이 증가했다. 중재계획을 세우는 심리학자 중 한 사람으로서 나는 그 과정에 대한 죄책감이 든다.

🎙 레슬리

때때로 약물은 지각 운동 이상과 같은 신경 손상을 일으킨다. 혹은 간 기능이 저하되거나 신장이 손상되기도 하며 드물긴 하지만 사망에 이르기도 한다(Tiihonen et al., 2009). 레슬리(Leslie) 역시 행동관리계획이 필요한 사람이었다. 주간 프로그램과 거주시설에 있는 종사자 모두는 레슬리가 협조적이지 않다고 이야기했다. 레슬리는 낮에 자신이 할 일을 하지 않고 밤에는 계속 말을 했으며 집안일도 하지 않았다. 레슬리를 위한 행동관리계획은 레슬리의 이동을 제한하고, 작업테이블로 가서 의자에 앉아 일을 하라고 계속 언어적으로 촉구하는 것이었다. 물론 이 방법은 효과가 없었다. 그녀는 10분도 앉아 있지 못했다. 하루를 마무리할 무렵이면 종사자들은 목이 쉬었고, 여전히 레슬리는 10분 이상 앉아 있지 않았다.

종사자들은 결국 포기했고 관리자는 레슬리에게 상담을 받도록 했다. 치료사는 레슬리가 느끼고 있을지 모르는 여러 가지 부정적인 감정에 대해 이야기를 나누고자 했다. 그러나 레슬리는 앉기를 거부하였다. 그녀는 같은 말을 반복하면서 계속 제자리걸음만 하였다. 그런 가운데 치료사는 레슬리가 말하는 것 중 어떤 것은 다른 나라의 언어에서 파생된 글처럼 들린다는 것을 깨달았다. 의미는 없지만 몇 번 언어적으로 소통한 후 치료사가 글을 쓰려고 하자 레슬리는 종이를 보고 흥분하기 시작했다. 레슬리는 글을 쓰고 싶어 했다.

치료사는 이러한 사실을 종사자들과 공유했다. 종사자들은 레슬리가 글을 쓸 줄 안다는 것을 몰랐었다. 레슬리는 거침없이 글을 쓰기 시작했다. 그녀는 20분 넘게 앉아서 글을 썼다. 레슬리의 곱슬곱슬하고 하얀 머리카락은 글씨를 쓸 때 위아래로 흔들렸고 가느다란 팔꿈치와 손가락은 글을 쓸 때마다 앞뒤로 쏜살같이 움직였다. 회기가 끝나 갈 때쯤 치료사는 레슬리한테 쓴 글을 보며 이야기를 나누자고 요청했다. 놀랍게도 치료사가 본 그 글은 프랑스어와 독일어로 되어 있었다. 치료사가 레슬리에게 어떻게 이런 말을 다 아느냐고 물었고 레슬리는 "나는 많은 나라의 언어를 알고 있어요."라고 대답했다.

다음 회기에서 치료사는 레슬리에게 영어로 글을 쓰도록 요청했다. 레슬리는 아무렇지 않게 영어로 글을 쓰기 시작했다. 레슬리의 글은 모두 좋아하는 작업장 종사자에게 쓴 글로 지적장애인을 위한 지역훈련기관에서 지내며 자란 이야기가 고스란히 담겨 있었다. 거절 받은 이야기, 불쾌한 이야기, 가족에 대한 불화 등이 그녀에게서 쏟아져 나왔다. 그런 다음 레슬리는 더 이상 글을 쓰지 않았다.

치료사는 레슬리가 차를 타는 것에 관심이 있다는 것을 알게 되었다. 레슬리와 치료사는 차를 타고 다니기 시작했다. 치료사는 차를 타고 다닐 때 레슬리가 처음으로 긴장을 푸는 것을 보았다. 마침내 레슬리는 대화를 시작했다. 레슬리는 어렸을 때 기관으로 보내졌고 가족을 그리워하며 살았다. 자신이 왜 그곳에 있어야 하는지 전혀 이해할 수 없었고 세 명과 함께 살고 있는 현재의 그룹홈이 싫었다. 거주시설에 있는 종사자 역시 함께 사는 사람들처럼 심술궂었고, 아무도 레슬리에게 상냥하지 않았으며 음식에도 싫증이 났다. 레슬리의 이야기는 다시 쏟아져 나왔다.

치료사는 레슬리가 살고 있는 곳을 방문했다. 거주시설의 종사자는 레슬리가 전혀 잠을 자지 않고 행동을 멈추지 않으며 진정하지 않는다고 심하게 불평했다. 치료사는 정신과 의사와 상담을 했다. 레슬리는 현재 '지적장애 처방 약'을 먹고 있는데, 여기에는 할돌(Haldol)과 소라진(Thorazine)을 첨가한 멜라릴(Mellaril)이 포함되어 있다.

정신과 의사는 레슬리의 생활 전반에 관련된 모든 사람을 소집하여 회의를 진행했다. 주간 프로그램 담당 종사자는 실패한 행동계획의 자료를 보고했고, 거주시설의 종사자는 수면패턴을, 치료사는 치료과정에 관해 보고했다. 정신과 의사는 많은 질문을 했다. 몇 주 후, 정신과 의사로부터 세밀한 처방전이 나왔다. 이 처방전에 따르면 레슬리는 지적장애 약물보다는 조현병 약물을 복용하여 치료해야 한다는 것이다. 레슬리는 정신과 의사가 추천된 약의 일부를 처방받았지만 레슬리가 복용하고 있던 혼합약물(할돌과 멜라릴)은 바뀌지 않았다. 결국 3주 후 레슬리는 죽었다.

부검 결과, 레슬리의 죽음은 치명적인 약물 부작용 때문이었다. 레슬리의 장례식에 한 번도 보지 못했던 레슬리의 형제가 왔다. 그는 극도로 혼란스러워하며 레슬리가 '다른 사람과 어울리지 못했기' 때문에 어릴 때 기관에 맡겨졌고, 의사의 권유로 보내게 되었다고 했다.

몇 년이 지난 후, 그 형제는 레슬리가 정신질환은 있었지만 결코 지적장애는 없었으며, 마치 인지적 문제가 있는 것처럼 행동하는 법을 배운 것이라고 말했다. 1960년대 중반에는 어느 누구도 그녀의 만성적인 정신 질환이 발병되는 초기의 양상을 제대로 이해할 수 없었다. 그녀는 지적장애인처럼 살았고, 언어에 대한 재능과 그 외 많은 재능을 계발하며 살지 못하였다. 레슬리의 형제는 자세히 말하지 않은 자신을 탓했지만, 말을 했어도 아무도 남동생인 자신의 말에 귀

기울이지 않았을 것이라고 했다. 만약 레슬리가 제대로 약을 복용했
다면 지금까지 살아있을지도 모른다. 또한 레슬리는 건강을 회복하
고 결국 무한한 잠재력을 발휘할 수 있었을 것이다.

🎙 찰스

찰스(Charles)는 최소한 두 번의 전쟁에 참전해서 싸웠던 것처럼 겁
에 질려 심하게 몸을 떨고 있었다. 그는 전쟁 신경증[1]을 가진 사람처
럼 눈이 움푹 들어가고 혼이 나간 모습이었다. 찰스는 조현병과 지적
장애로 진단을 받았고 오랫동안 정신병원에서 지냈다. 찰스는 다른
환자와 종사자에 의해 신체적, 성적 학대를 당했다고 말했다. 그는
자신이 당한 학대에 대해 계속 반복하여 이야기했으며, 가끔씩 갑자
기 생생하게 떠오르는 학대의 기억 때문에 괴로워하기도 했다. 정신
과 의사의 말에 의하면 찰스가 20분 넘게 대기실 바닥에 웅크리고 앉
아 꼼짝도 하지 않고 있는데, 그 이유는 찰스가 대기실에서 근무하는
종사자 중 한 명이 자신을 학대했던 사람이며, 자신을 또 때릴 것이
라 확신했기 때문이다. 그 누구도 찰스를 진정시킬 수 없었다.

찰스는 사실 유명했다. 그는 주립 정신병원에서 인지평가를 하던
심리학자에 의해 발견되었다. 심리학자는 찰스를 중증 지적장애로
진단했고, 발달장애인이 정신병동에 장기입원환자로 잘못 배치되어
있는 현상에 대해 논문을 썼다. 그 논문이 발표된 후 찰스는 세상에
널리 알려졌다. 진단 관련 책에 찰스의 사례가 소개되었고 신문에

---

1) 역자 주: 장기적인 전쟁 참가로 인한 전쟁 신경증을 말함. 군인이 전투라는 준엄한 상황 하에서
신체적, 정신적으로 견딜 수 없는 한계까지 도달했을 때 나타나는 심한 불안상태임. 불면, 신경
과민, 떨림, 실신 등의 증상이 나타남.

찰스의 사진이 실렸다. 안타깝게도 찰스는 그가 왜 유명해졌는지 알고 있었고, 심리학자를 만날 때마다 블록테스트를 실시하자고 요청했다. 그리고 "이번에는 그 테스트를 통과할 수 있다."라고 계속해서 항변했다.

찰스는 지적장애인을 위한 시설에 살았다. 그곳에서 찰스는 흡연과 기물파손에 대한 행동중재를 받았다. 그 계획은 한 시간마다 한 대의 담배만 피우는 것이었고, 찰스는 자신의 담배 전부를 피우지 못했다. 찰스는 담배가 다 떨어졌을 때 극심한 좌절감을 느꼈다. 또한 행동계획은 기물파손을 예방하는 것을 포함했는데, 기능평가에서 찰스는 주로 자신의 굴욕감과 불만을 전달하기 위한 의사소통의 방법으로 기물파손 행동을 하는 것으로 나타났다. 찰스는 말장애를 가지고 있어서 종종 자신이 가지고 있는 감정을 잘 표현하지 못했다. 또한 종사자들이 자신을 '개처럼 대했다.'고 불평했다.

어느 날 저녁, 찰스는 좌절감을 느꼈다. 한 종사자가 그에게 밤 10시에 자야 한다고 말했다. 찰스는 '담배가 한 대 더 필요하다.'고 요구했지만 종사자는 거절했다. 종사자는 행동계획에서 담배를 피우는 행동에 시간 제약이 없다는 사실을 잘못 이해하고 있었다. 또 종사자는 행동계획에서 찰스의 담배를 제한하는 권한을 자신이 가지고 있다고 믿었다.

종사자가 담배를 가지러 가지 못하게 하고, 특정 시간에 잠자리에 들도록 강요하는 과정에서 찰스는 상처와 굴욕감을 느꼈다고 진술했다. 찰스는 자러 가라는 말을 듣고 한동안 위층에 있었다. 이후 다시 내려와 종사자에게 '약을 잔뜩 먹고 자살할 생각'이라고 말한 뒤 소파에 드러누워 잠을 청했다. 종사자들이 그를 옮기려 했지만 움직일 수 없었다. 한 시간 뒤 다른 종사자가 야간 근무를 하기 위해 들어

왔다.

야간 근무자 톰(Tom)은 찰스가 왜 이러는지 물었다. 다른 종사자는 "찰스는 깨지 않을 거야. 위층으로 올라갈 수 있게 도와줘, 알았지?"라고 말했다.

"뭐라고?" 톰이 물었다.

"찰스는 약을 먹고 소파에서 잔다고 했어. 담배를 주지 않아서 화가 났거든."

톰은 그 종사자의 말을 끝까지 듣지 않고 위층으로 달려갔다. 그는 몇 개의 빈 데파코트 약통을 발견했고, 아래층으로 달려가 찰스를 깨우려고 했다. 찰스는 반응이 없었다. 당황한 톰은 911에 전화를 걸었다. 찰스는 병원으로 급히 옮겨졌고, 병원에서 치료를 받았다. 4일 동안 찰스는 혼수상태에 빠져 있었고 거의 죽을 뻔했다. 의사들은 911 전화가 몇 분만 더 늦었다면 찰스가 사망했을 것이라고 말했다.

찰스가 회복한 후 행동계획은 수정되었다. 치료시간이 늘어났고 찰스의 트라우마를 다루는 작업이 시작되었다. 찰스가 담배를 보관할 수 있도록 허락했고, 종사자가 바뀌고 제공되는 치료의 내용이 질적으로 개선되어 찰스의 기물파손 행동은 나타나지 않았다. 또한 이상적인 환경에서 찰스는 언어 치료도 받았다.

찰스는 실제로 유전장애인 주버트 증후군(Joubert Syndrome)[2]의 신체적 징후를 가지고 있었다. 걸음걸이가 불균형하며 아카티시아(akathisia)[3]의 특성을 보였다. 찰스는 시력문제와 언어문제를 가지

---

2) 역자 주: 근긴장 저하, 발달지연, 운동실조, 불규칙적인 호흡 형태, 비정상적인 안구 운동을 동반함.
3) 역자 주: 좌불안석증. 가만히 있지 못하고 안절부절못하며 몸을 흔들거나 앉기와 서기를 반복하는 행동을 보임.

고 있었으나 실제로는 꽤 똑똑한 것 같았다. 하지만 찰스는 언어적 표현에 제한이 있기에 병원에서 실시한 IQ 검사에서는 그의 이해력이 드러나지 않았다. 이것은 주버트 증후군의 특징이다(Gitten, Dede, Fennel, Quisling, & Maria, 1998). 찰스의 얼굴 생김새도 주버트 증후군을 가진 사람과 유사했다. 주버트 증후군을 가진 사람은 언어적 수용능력은 잘 발달하지만 표현에 어려움을 겪기 때문에 혼란스러울 수 있다. 타고난 지능이 높음에도 불구하고 표현상의 어려움으로 인해 IQ 검사에서 낮은 점수를 받을 수 있다. 찰스는 이 유형에 맞았는데 지적장애 진단을 받고 다르게 치료받음으로써 고통을 받았다.

찰스가 주버트 증후군을 가지고 있든 그렇지 않든 그것에 상관없이 행동계획은 제대로 수행되지 못했는데 이는 종사자들이 너무나 쉽게 잘못 해석하였기 때문이다. 찰스의 행동문제는 후속결과와 우발상황의 조작을 통해 통제될 수 있는 단순한 행동적 에피소드로 지나치게 단순화되었고 결과적으로 찰스의 외상후 스트레스장애(Posttraumatic Stress Disorder: PTSD)는 고려되지 않았다. 찰스는 끝내 절망과 좌절감으로 스스로 목숨을 끊을 수밖에 없다고 느꼈다. 찰스가 적절한 치료를 받을 때까지 이러한 감정들은 점점 더 강해졌다. 찰스의 일탈적인 행동이나 낮은 IQ 점수가 아닌 감정과 트라우마가 그의 고통의 진짜 원인이었다.

🧠 칼리

칼리(Kali)는 코카인 중독인 부모 사이에서 태어나 생애 첫 2년을 거리에서 자며 쓰레기통에 있는 음식을 먹고 여러 쉼터를 옮겨 다니며 보낸 젊은 여성이었다. 칼리는 어머니에게 수입의 수단이었으며 그 이상도 이하도 아닌 것처럼 보였다. 칼리는 마침내 아동보호국에 의해 위탁 가정에 맡겨졌다.

여러 번의 배치 후 칼리는 한 위탁 가정에 정착하게 되었지만 그녀의 양부모로부터 돈 때문에 그녀를 데려왔다는 말을 듣게 되었다. 또한 칼리는 양어머니가 '분노조절에 문제'가 있었다고 보고했다. 어느 날 양어머니는 말다툼 도중에 칼리를 계단 아래로 밀어버렸고, 칼리의 팔이 부러지고 갈비뼈에 멍이 드는 등 타박상을 입었다. 응급실에서 칼리는 양어머니에게 집에 돌아가서 '대가'를 치르고 싶지 않으면 넘어졌다고 말하라는 강요를 받았다.

칼리가 사춘기에 접어들자 공격성도 증가했다. 칼리는 위탁 보호 시설에서 쫓겨나 10대 소녀들이 있는 그룹홈에 입소하게 되었다. 그녀는 거리에서 살아남는 법을 배웠고, 변화하는 환경에서 이리저리 치이며 살았다. 그녀는 메릴랜드의 모든 기관을 거쳐 결국 다른 주로 가게 되었으며, 그 시설에서는 다른 거주자들과 격리되어 생활했다.

어린 시절에 대해 말할 때 칼리에게 가장 강한 감정적 반응을 불러일으키는 말은 '나는 친구가 한 명도 없었다.'는 것이다. 칼리의 깊은 고립감은 우울증과 더 많은 공격성을 불러일으켰고, 이것은 다시 종사자가 그녀를 고립시키는 원인이 되었다.

악순환은 계속되었고 칼리는 21세가 되었다. 스물한 번째 생일날, 칼리는 비행기를 타고 메릴랜드로 돌아왔고 성인발달장애인을 위한 지역사회 기관에 배치되었다. 그 기관은 칼리를 위해 애썼다. 칼리는 종종 마음에 들지 않는 종사자들에게 공격적으로 행동했다. 그녀는 자신의 몸을 칼로 베거나 멍들게 했고, 불을 지르려고 했다. 칼리는 자해에 사용되는 날카로운 물건이 있는 사무실이 모두 자물쇠로

잠겨 있는 것을 알고, 창문과 거울을 깨서 그 유리 조각으로 자해를 시도하기도 했다.

칼리를 위한 행동계획이 실시되어 치료가 시작되었다. 보상은 행동계획을 통해 제공되었지만 칼리는 보상을 받은 날에도 자해를 하거나 누군가를 공격하곤 했다. 또한 칼리는 병원에 갈 기회를 만들기 위해 911에 전화를 해서 죽고 싶다고 하거나 숨쉬기가 힘들다고 말했다. 때때로 병원은 그녀가 있고 싶어 하는 곳이었다. 칼리는 행동계획에 따라 24시간 내내 보상을 받을 수 있었지만 결코 성공하지 못했다. 칼리는 보상으로 여행, 아이팟, 최신 게임기를 선택했다. 하지만 그녀는 보상을 거의 받지 못했다. 칼리는 심한 욕설을 퍼부으며 종사자로 하여금 힘들어 그만두게 만들도록 시험하였다. 칼리가 자신과 다른 사람에게 폭력적이었기 때문에 종사자는 그녀 곁에 항상 있어야 했다.

칼리는 영화나 텔레비전을 볼 때도 집중을 하지 못했다. 행동계획은 반복적으로 변경되었다. 그녀는 통제와 자기파괴가 뒤섞여 있는 자신의 계획을 실행하는 것처럼 보였다. 칼리는 주간 프로그램에서 사람들과 싸우기도 했다. 종사자는 계속 교체되었으며, 마침내 칼리에게 진정으로 관심을 가지고 배려하는 사람만 남게 되었고 그 후 자해행동과 타인을 해치는 행동은 멈추기 시작했다. 칼리는 보상을 더 쉽게 얻을 수 있었고, 자신의 감정을 행동으로 나타내기보다 느끼는 감정에 대해 이야기하기 시작했다. 이것은 2년이 넘게 걸렸다. 칼리는 다른 사람이 자신을 아낀다는 사실을 알게 되었고, 스스로를 해치지 않고 감정을 표현하는 방법을 배웠다. 그 과정은 매우 오래 걸렸고 칼리는 계속해서 성공할지 확신할 수 없었다.

사례별 적용

행동관리계획은 경우에 따라 도움이 되지 않을 때도 있다. 어떤 경우에는 종사자가 방향을 잘못 잡기도 하고, 행동 자체에만 초점이 맞춰져 있어서 진단이 잘못된 경우도 있으며 종사자가 힘겨루기를 부추긴 경우도 있다. 이 모든 경우에 해결책이 때로는 문제의 일부가 되기도 한다.

앞서 설명한 사건들은 모두 실제 이야기를 바탕으로 하였다. 비록 개인적인 이야기와 배경은 서로 다르지만 데니, 레슬리, 찰스, 칼리는 공통점이 있다. 즉, 구체적인 원인을 살피지 않고 드러난 증상만 치료하는 것처럼 행동적 징후에만 초점을 두고 문제의 원인에는 관심이 없었던 것이다. 아래에서 각 사례를 다시 검토하여 종사자의 실수를 정확히 파악하고, 다르게 실행할 수 있는 부분과 해야 할 일에 대해 설명하고자 한다.

🔩 데니와 통제

종사자들은 통제를 최후의 수단으로 사용하도록 훈련을 받았다. 그러나 일단 통제를 사용하기 시작하면 더 쉽게 사용할 수 있다. 데니는 통제를 받을 때 극심한 두려움을 느꼈다. 데니는 트라우마를 재경험했고 새로운 환경에서 어떠한 안전감도 느낄 수 없었다. 변화는 대부분의 사람에게 매우 어렵고, 특히 이러한 어려움은 자신의 삶에 대해 스스로 통제하지 못한다고 생각할 때 더 심해진다. 대부분의 지적장애인은 누가 그들과 함께 일하는지, 그들이 어떻게 일하거나 대화하는지에 대해 스스로 통제할 수 없다. 그러므로 변화는 두려움을 줄 수 있다.

데니는 변화로 인해 야기되는 충격을 더 악화시키는 과거의 트라우마가 있었고, 이전 트라우마의 기억이 되살아나는 플래시백(flashback)[4]을 경험하고 있었다. 데니는 금발 머리의 프로그램 관리자를 보면서 과거 학대를 받았던 트라우마와 관련이 있는 누군가를 기억하게 되었고 이것이 공격적인 행동을 촉발한 것이다. 프로그램 관리자가 데니의 물리적인 환경 안으로 들어올 때마다 데니는 테이블과 의자를 던지기 시작했다. 프로그램 관리자는 데니에게 매우 친절했지만 아무런 효과가 없었다. 분명 금발 머리를 한 누군가가 데니에게 무슨 일을 했거나 무슨 일이 생겼을 때마다 그 자리에 있었던 것이다. 새로운 환경에서 안전하지 않다고 느끼는 데니의 생각은 종사자들이 자신을 통제했을 때 더욱 확실하게 와 닿았다. 데니의 유일한 방어는 더 많은 공격으로 위협하는 것이었고, 그것은 더 많은 통제로 이어졌다. 이러한 악순환은 실제로 행동관리계획에 의해 끊임없이 반복되었다. 만약 데니가 외상후 스트레스장애 진단을 정확히 받았다면 다르게 치료를 받았을 것이며 데니를 안전하게 만드는 데 초점이 맞춰졌을 것이다. 심리학자가 데니의 드러난 행동에만 중점을 두어 근본적인 원인을 놓친 것이다.

증상이 문제로 잘못 인식되었다. 많은 지적장애인은 데니가 이전에 살았던 기관에 거주하면서 학대를 참아 왔다고 말했다. 종사자들과 함께 거주하는 다른 사람들에게 신체적, 성적 학대를 당했다고 보고했다. 지적장애인 100명을 돌보는 종사자가 2명밖에 안 되던 시

---

4) 역자 주: 트라우마 사건이 바로 그 순간 발생하는 것처럼 다시 경험하는 동안의 해리상태.

기도 있었다. 어떤 지적장애인은 종사자가 자신의 팔을 부러뜨린 뒤 학대가 알려지는 것이 두려워 병원에 보내 주지 않은 상황도 이야기 했다. 그의 부러진 팔은 비뚤어진 모양으로 아물었고 지금도 그런 모습으로 남아 있다. 학대에 대한 많은 이야기들이 전국의 비슷한 기관에서 재조명되었다(Primo & Rivera, 1972). 데니는 자신이 겪은 일을 자세하게 설명할 수 있는 언어능력은 없었지만 학대가 심각했음을 알 수 있었다. 학대로 인한 데니의 외상후 스트레스장애의 증상은 통제할 필요가 있는 의도적인 행동으로 잘못 이해되었다.

데니의 사례는 오래전 일이다. 오늘날이었다면 기능평가가 이루어졌을 것이고, 아마 데니의 행동기능은 특정인을 회피하기 위한 수단으로 확인되었을 것이다. 그러나 심리학자가 데니의 행동을 특정한 사람을 회피하기 위한 의도적인 환경의 조작으로 본다면 여전히 외상후 스트레스장애의 상태를 놓칠 가능성이 높다. 행동에만 초점을 둔다면 그 행동을 발생시킨 근본적인 조건을 놓치는 경우가 많다. 빙산의 끝만 보고 빙산 전체의 모양이나 깊이를 가늠할 수 없다. 다시 말해 빙산의 끝만 없애려고 하면 빙산 전체를 완전히 놓칠 수 있다.

🎙 레슬리와 불이행

때로는 해결책이 문제가 되는 것처럼 레슬리의 높은 인지적 수준과 결합된 극심한 정신질환 상태는 '불이행'에 대한 행동관리계획으로 인해 완전히 놓치게 되었다. 레슬리는 어렸을 때부터 지적장애인을 위한 기관에 있었기 때문에 발달장애인의 행동을 배우게 되었다. 그 당시에는 정신질환이 아동기보다 주로 청소년기 후반이나 성인

초기에 발병하는 것으로 여겨졌기 때문에 아동기에 시작되는 정신질환에 대해서는 거의 알려진 것이 없었다(Carr, 2001).

만약 레슬리가 1990년대에 태어났다면 아동기 조현병을 진단받았을 것이다. 레슬리의 교사와 정신건강 전문가들은 확실하게 레슬리의 문제를 인식했지만, 그 시대의 대부분의 생각은 레슬리가 평생 '지적장애인'을 위한 지역훈련기관에 있어야 한다는 것이었다. 잘못 배치된 레슬리는 외로웠지만 정신질환을 가지고도 최선을 다해 적응하려고 했다.

몇 년 후 레슬리는 행동적으로 통제되어야 할 사람으로 여겨졌다. 전문가들은 레슬리의 언어능력과 자신 및 타인에 대한 통찰력을 전혀 보지 못하고 레슬리의 행동에만 집중했다. 그녀의 조현병도 진단되지 않았다. 레슬리는 치료를 받았고 그녀를 위한 행동중재 프로그램을 실시하였지만 행동을 조절하는 데 실패한 후에야 그녀를 이해하게 되었다. 적절한 약물을 처방받았으나 이미 복용 중이던 약물과의 부작용으로 사망하고 말았다. 이러한 상황은 역설적으로 그 영향력이 엄청나게 크다. 정확하게 말하자면 레슬리가 결국 치료를 받을 수 있었으나 약물치료가 부적절하게 제공되었다.

만약 레슬리의 행동을 불이행으로만 보지 않고 레슬리를 올바르게 이해했다면 그녀는 처음부터 적절한 약물을 복용했을 것이다. 치료가 일탈적인 행동을 통제하는 데 목표를 두지 않았다면 성인 초기에 그녀의 문제를 제대로 발견할 수 있었을 것이다.

🏛 칼리와 보상

어릴 때 칼리는 다른 사람에게 가치 없는 사람이라는 말을 끊임없이 들었다. 칼리는 자해, 일에 대한 노력 부족, 자기관리 부족 등으로 증명이 된 것처럼 자신에 대한 이러한 견해를 내면화했다. 칼리는 무수히 많은 방법으로 다른 사람에게 "나는 가치가 없는 사람이다."라고 말했다.

중요한 문제는 다른 사람이 칼리를 어느 정도까지 자존감과 긍정적인 정체성을 형성하도록 도울 수 있는가에 있다. 긍정적인 자아정체성을 다시 세워 주는 데 필요한 지원은 실로 방대하다. 칼리는 마치 협곡 같아서 자존감이 있어야 할 곳에 커다란 구멍이 뚫려 있었다. 칼리 스스로 이런 부족함을 증명하기 위해 계속 행동하자 다른 사람은 그녀를 '문제행동' '까다로운 아이' '다루기 힘든 사춘기'라고 명명하며 이를 강화했다. 칼리는 자신을 낙인찍는 소리를 들으며 마치 그 낙인이 맞는 것처럼 행동으로 표출했다. 성인장애인을 위한 프로그램에서 칼리를 위해 이상적으로 다루어야 할 과제는 긍정적 자아개념의 토대 위에 자기존중감을 키우는 것이다. 그러나 치료의 초점은 행동계획이었고, 칼리는 행동계획에 포함되어 있는 보상이나 인센티브를 얻는 데 계속 실패함으로써 스스로 실패의식을 강화하였다.

행동중재는 칼리를 위해 계획되었다. 그러나 칼리는 결정적인 순간에 보상을 잃고 나서 다른 사람들에게 "이것 봐, 이게 바로 나야. 내가 다 망쳐버렸어."라고 말했다. 오히려 어떤 종사자는 잘 계획된 이 중재를 계속 실행하면서 칼리에게 '망쳐버린 것'과 '나쁜 태도'에 대해 계속 설명했다.

칼리는 그 계획이 필요하지 않았다. 그녀에게 정말 필요한 것은 자신을 지금까지와 다르게 바라봐 주는 것이었다. 구체적으로 말하자면 좀 더 친절한 빛을 가진 거울이 필요했다. 종사자들과 치료사는 그러한 거울을 제공하는 일을 할 수 있다. 하지만 몇 년 동안 강화를 받지 못한 후 칼리는 다른 사람에게 "당신이 나에게 무엇을 주든 상관없어. 항상 나는 모든 것을 망치기 때문에 또 망칠 거야."라고 말했다.

종사자의 스트레스와 보상을 고의적으로 방해하려는 칼리의 결단이 합쳐져서 칼리와 종사자의 관계는 어긋나게 되었다. 결과적으로 관계는 악화되었고, 더 많은 힘겨루기가 이어졌다. 이후 종사자가 칼리의 긍정적인 자기인식과 자존감을 높이는 데 초점을 두기 시작하자 칼리와 종사자의 관계는 개선되었다. 칼리 자신에 대한 감정에 초점을 맞췄을 때, 그녀는 긴장을 풀고 인생을 즐길 수 있었다. 그러자 자연스럽게 칼리의 비협조적인 행동은 급격히 줄어들었고, 주변 사람과의 관계도 크게 개선되었다.

🗣 찰스와 담배 스케줄

찰스는 담배를 제한하기로 스스로 선택한 적이 없다. 찰스는 행동계획이 실행되기 전 작성된 행동계획 문서에 동의하는 서명을 하라는 지시를 받았으며, 종사자들은 이 행동계획을 실천하도록 훈련을 받았다. 거기에는 많은 표적행동이 있었고, 종사자가 찰스의 부정적인 행동을 줄이기 위해 해야 할 일이 적혀 있었다. 찰스가 트라우마를 극복하도록 돕기 위해 무엇을 해야 하는지, 자살 징후를 보였을 때 해결하는 방법이나 미래에 대한 희망을 갖도록 돕는 방법은 종사자에게 알려 주지 않았다. 그들은 단지 찰스의 행동을 통제하는 방법만 배웠다. 사람이 아닌 행동이 초점이었다.

불행하게도 일부 행동계획은 사람 자체가 아닌 행동이 중요하다고 종사자에게 가르친다. 저자인 나 역시 과거에 그런 행동계획을 작성한 적이 있다. 행동분석은 때때로 사람을 놓칠 때가 있다. 종사자는 행동을 양적으로 수치화하는 방법을 배우고 지속적으로 행동을 관찰하여 계산하는 능력에 대해 평가받는다. 그들은 장애인이 자신의 삶에 희망을 갖도록 돕는 방법을 배우지 않는다. 또한 장애인이 사회적 기술을 개발하거나 장기적으로 관계를 발전시키고 유지하도록 돕는 방법을 가르치지 않는다. 종사자는 주로 개인의 행동을 통제하는 법을 배운다. 다른 사람을 통제하려는 시도는 종종 힘겨루기를 일으킨다. 이것은 종사자가 행동통제 절차를 실행하려는 의도와 정반대의 결과를 초래할 수 있고 지속적인 힘겨루기를 일으키는 패턴에 빠질 수 있다. 게다가 이 접근 방식은 종사자와 장애인 간에 권력의 차이를 두게 하여 억압을 조장할 수도 있다.

행동계획을 통해 종사자는 찰스와 담배 모두를 통제하고 있다고 생각했다. 그들은 찰스의 흡연과 행동을 관리하는 임무를 맡았다. 그러나 찰스는 담배에 대한 행동계획을 받아들여 담배를 줄이거나 금연을 하고 싶다는 말을 하지 않았다. 그래서 찰스는 종사자들을 억압하는 사람으로 보았다. 종사자는 한 시간에 한 대씩만 담배를 피울 수 있다는 행동계획의 세부사항에 주의를 기울이지 않았고 힘겨루기의 상황만 이해했다. 권한을 부여받았다고 느낀 종사자는 찰스에게 밤 10시 이후에는 담배를 피울 수 없다고 했다. 이것은 계획의 의도를 따른 것이지만 실제 세부 사항을 따르는 것은 아니다. 이러한 행동계획은 성인 주거시설에서 자주 발생한다. 위의 방법은 어린아이에게 새로운 행동을 가르치고 나쁜 습관을 고치는 데 큰 도움이 될 수 있다. 하지만 지적장애성인이 성숙해지고 의미 있는 삶을 찾으려고 할 때는 오히려 의도한 것과 달리 강압적일 수 있다.

이러한 억압 속에서 찰스가 얻고자 한 최후의 힘은 스스로 목숨을 끊는 것이었다. 찰스의 마음에 자살은 그에게 남겨진 유일한 힘이었을 가능성이 크다. 외상후 스트레스장애를 가진 사람들은 종종 이러한 행동을 유일한 대안으로 생각하기에 실제 외상후 스트레스장애와 자살의 관계는 매우 밀접하다(Herman, 1997). 종사자가 외상후 스트레스장애와 지적장애인에 대한 교육을 받았다면 아마도 찰스가 자살을 시도하던 날 밤, 찰스와 나눈 대화를 통해 찰스의 위협을 더 심각하게 받아들였을 것이다. 그런데 종사자는 행동관리에 대한 훈련을 받아 찰스의 행동만 볼 수 있었고, 찰스라는 한 인간과 그가 생활 속에서 겪었을 고통은 볼 수 없었다.

요약

지적장애성인이 보이는 문제행동에 대한 엄격한 행동적 접근은 정확한 진단 및 치료 요구에 대한 이해를 제한할 수 있다. 때로는 이러한 접근이 증상과 지적장애인의 상태를 악화시킬 수 있다. 나는 트라우마가 미치는 영향을 자주 보았고, 이러한 영향은 실제로 많은 행동적 어려움의 뿌리가 된다고 믿는다.

위검, 해튼, 테일러(Wigham, Hatton, & Taylor, 2011)는 지적장애인에게 미치는 트라우마의 영향을 알아보기 위하여 관련 선행연구를 분석하였다. 이들은 연구에서 사용한 측정도구들이 지적장애인을 위해 표준화된 것이 아니기 때문에 연구방법이 신뢰롭고 타당하다고 보기 어렵다고 결론을 내렸다. 위의 연구자들은 트라우마가 지적장애인에게 미치는 영향을 정확하게 이해하고 연구할 필요가 있으며, 지금까지 그러한 노력이 충분히 이루어지지 않았다고 주장했다. 이 분야에 대한 연구가 부족하기 때문에 많은 행동적 어려움의 뿌리가 실제로 트라우마에 반복적으로 노출되어 나타난 트라우마 기반의 반응일 가능성을 조사하기 위해 다양한 사례 연구를 수행해야 할 것이다.

이 장에서 설명한 사례는 전통적인 행동주의적 접근이 실제로 지적장애인에게 해를 끼칠 수 있고, 나아가 더 큰 트라우마를 줄 수 있다는 것을 보여 준다. 실제 외상후 스트레스장애의 증상은 행동장애로 잘못 이해할 수 있다. 정신질환의 증상 또한 행동적으로 잘못 이해하고 접근할 수 있다. 유전장애, 태아 알코올 및 태아 코카인 손상, 그리고 이와 관련된 행동패턴 또한 종종 무시되거나 잘못 진단되기도 한다. 진단의 결과로 나타난 행동만 치료하게 되면, 지적장애인이 겪고 있는 근본적인 문제를 놓칠 수 있음을 기억해야 한다.

참고문헌

Carr, A. (2001). *Abnormal psychology*. Sussex, England: Psychology Press.

Gitten, J., Dede, D., Fennel, E., Quisling, R., & Maria, B. (1998). Neurobehavioral development in Joubert syndrome. *Journal of Child Neurology, 13*, 391-397.

Herman, J. (1997). *Trauma and recovery*. New York: Basic Books.

Mahoney, M. J. (2002). Constructivism and positive psychology. In C. R. Snyder & S. J. Lopez (Eds.), *Oxford handbook of positive psychology* (pp. 745-750). Oxford, England: Oxford University Press.

Primo, A. T. (Producer), & Rivera, G. (Correspondent). (1972).

Willowbrook: The last great disgrace [Video].

Tiihonen, J., Lonngvist, J., Wahlbeck, K., Klaukka, T., Niskanen, L., Tanskanen, A., & Haukka, J. (2009). 11-year follow-up of mortality in patients with schizophrenia: A population based cohort study (FIN11 study). *Lancet, 374*, 620-627.

Wigham, S., Hatton, C., & Taylor, J. (2011). The effects of traumatizing life events on people with intellectual disabilities: A systematic review. *Journal of Mental Health Research in Intellectual Disabilities, 4*, 19-39.

2
기능평가는 어떤
목적으로 실행되는가

기능평가(functional assessment)는 브라이언 이와타(Brian Iwata)와 케네디 크리거 연구소(Kennedy Krieger Institute)의 연구원들이 창시한 기능분석(functional analysis)에서 파생되었다(Clements & Martin, 2002). 이것은 본질적으로 행동 수행과 관련된 요소를 세밀하게 분석하는 것이다. 선행사건, 행동, 후속결과 그리고 이러한 상황이 발생하는 일련의 과정이 행동의 수행과 함께 분석된다. 이때 행동은 대개 부정적이거나 부적응적이다. 기능분석은 전통적으로 기관이나 병원, 교실과 같은 통제된 환경에서 수행된다(Catania, 1984).

기능분석은 통제된 환경에서 지적장애인의 행동문제를 해결하기 위해 자주 사용되어 왔다. 지적장애인이 지역사회 기반으로 환경을 옮기면 학교에서 적용해 왔던 응용행동분석은 덜 엄격한 접근 방식인 기능평가로 전환된다. 기능평가는 기능분석과 동일한 가정 하에 이루어진다. 개인의 행동을 통제하는 목표는 같다. 개인의 부적응행동을 없애고, 부적응행동을 더 긍정적이고 적응적인 행동으로 대체하는 것이다. 여기서 기본적인 가정은 개인과 환경이 숙련된 전문가에 의해 통제된다는 것이다.

임상적 환경에서 지역사회로, 기능분석에서 기능평가로의 전환에는 몇 가지 기본이 되는 가정이 있는데 크게 의문이 제기되는 부분들이 있다. 첫 번째 가정은 지역사회 환경에서 우발상황을 통제할 수 있다는 것으로, 이는 선행사건을 파악하고 그에 따른 후속결과를 통제된 방식으로 이행할 수 있음을 의미한다. 두 번째 가정은 지적장애인이 원하는 결과를 얻기 위해 행동하고 있으며, 보상을 얻기 위해서 자신의 환경을 의도적으로 조작하고 있다는 것이다. 세 번째 가정은 개인 내의 변화는 환경에서의 우발상황 또는 보상과 벌을 변경함으로써 영향을 받을 수 있다는 것이다. 즉, 행동의 변화는 개인 내적인 변화가 아닌 환경의 변화에 의해 발생하고 유지된다는 것이다. 이 장에서는 이러한 가정들에 대해 살펴볼 것이다.

지역사회 대 통제된 환경

행동에 앞서 일어나는 선행조건, 행동 이후에 발생하는 후속사건, 강화와 보상 계획은 통제된 환경에서 신중하게 측정하고 다룰 수 있다. 그러나 지역사회 환경에서는 이러한 통제가 힘들다. 행동이 시작되기 전에 어떤 일이든 일어날 수 있다. 종사자는 하나의 선행사건을 기록하고 이것이 개인의 행동을 유발하는 것으로 추측할 수 있지만, 종사자가 알아차리지 못한 전혀 다른 사건이 실제로 그 행동을 촉발했을 수 있다.

예를 들어, 저녁식사를 마치고 집안일을 하게 될 때 톰(Tom)이 공격적인 행동을 보이며 함께 사는 사람을 때린다고 가정하자. 이 때 톰은 그 곳을 잠시 벗어나 진정하라는 말을 듣는다. 대부분의 기능적 평가에서 이러한 행동은 톰이 집안일을 하지 않으려는 회피의 기능으로 간주한다. 이것은 사실일 수 있다. 하지만 만약 다른 이유가 있다면 어떻게 될까? 톰은 그날 직장에서 놀림을 당했거나 추가업무를 했었는지도 모른다. 어쩌면 동거인이 톰에게 직장에서 받았던 놀림을 떠올리게 하는 말을 했을 수도 있다. 또는 최근까지 톰의 동거인이 담배를 받는 대가로 저녁식사 후 성적인 관계를 가졌던 것을 거부했을지도 모른다. 나는 드러나지 않은 다양한 요인이 어떤 특정한 부정적 행동을 일으키게 만드는 것을 목격하였다. 그것은 대부분 기능적 분석에서는 발견되지 않으며 알려지지 않는다.

다른 예는 중도 지적장애인의 자해행동(self-injurious behaviors: SIB)이다. 기능분석을 통해 확인된 바비(Bobby)의 자해행동의 선행사건은 바비를 소외시키고 다른 동거인끼리만 텔레비전을 보거나 게임을 하는 것이다. 바비는 자신의 머리를 반복적으로 때리거나 긁어대기 시작한다. 바비가 그 행동을 한 결과로 종사자들은 바비에게 다가와 그만하라고 말하고 그에게 관심을 기울인다.

심리학자가 바비가 사는 집에 와서 선행사건, 행동과 후속결과의 상황을 파악하고 행동 발생 빈도를 살펴보며 도출한 기능평가에 의하면, 바비가 보이는 자해행동의 기능이 관심을 얻기 위한 것이라고 결론 내릴 가능성이 높다. 보다 자세하게 기능평가를 실시하는 심리학자는 바비가 자해행동을 하기 전에 발생하는 활동이 바비가 좋아하는 활동이 아니라고 결론을 지을 수도 있다. 그는 관찰을 통해 다른 사람들이 보는 TV 프로그램이나 게임을 바비가 좋아하지 않거나 이해하지 못해서 그런 것이라고 말할 수 있다. 기능평가를 실시하는 심리학자는 바비가 지루하고 즐길 수 있는 활동이 없기 때문에 자해

행동으로 스스로에게 자극을 제공하는 기능을 하고 있다고 결론을
내릴 수 있다.

기능적인 대안은 바비가 종사자와 함께 즐겁게 활동하는 것이다.
이런 행동은 바비가 종사자에게 공놀이를 하자고 할 때마다 보상을
함으로써 형성된다. 이것은 바비가 종사자와 더 많은 시간을 보낼
수 있고, 종사자는 바비와 즐겁게 소통하는 방법을 배울 수 있다는
측면에서 가치가 있다.

하지만 만약 바비가 실제로 자폐증이 있고 텔레비전과 게임의 소
음에 지나치게 자극을 받아서 각성된 상태라면 어떨까? 만약 바비
가 불안감을 느껴 자해행동을 함으로써 스스로를 진정시키기 위해
한 행동이라면? 일부 연구자의 주장대로 자해행동이 엔돌핀을 방
출하는 것이라면(Sandman, Touchette, Lenjavi, Marion, & Chicz-DeMet,
2003), 어쩌면 바비는 주간 프로그램에서 자극적인 하루를 보낸 후
긴장을 줄일 수 있는 조용한 장소가 필요했을지도 모른다. 또 바비
는 종사자가 바뀐 것에 대해 불안감을 느끼고 있었을 수도 있다. 하
지만 심리학자는 종사자의 교체가 바비에게 끼친 영향에 대해 모르
고 있을 수 있다.

지역사회 환경에서는 너무나 많은 요소를 쉽게 놓칠 수 있다. 앞
의 두 사례에서 보는 바와 같이, 측정할 수 있는 것보다 더 많은 선행
사건들이 있다. 또한 발견되지 않거나 이해할 수 없는 행동 에피소
드로부터 부수적으로 발생되는 것도 있다.

수집된 정보가 지역사회 환경에서 발생하는 다양한 자극을 어떻
게 모두 반영할 수 있을까? 복잡하고 때로는 이해하기 힘든 행동에
서 야기된 것들을 어떻게 측정할 수 있을까? 운전기사나 공동 거주
자, 이웃, 종사자, 관리자 등 지역사회의 많은 사람을 만나면서 일어

나는 상호작용의 영향을 측정하기는커녕 그 많은 일상생활의 모습을 어떻게 알 수 있을까?

기능분석이 실시되는 제한된 환경에서는 이미 어떤 상호작용이 일어나는지 알 수 있고 실제 데이터를 수집하거나 강화물을 제공하는 사람과 함께 지낸다. 그러나 지역사회는 이러한 상호작용이 통제되지 않으며, 기록되지 않은 자극이나 촉발요인(trigger)이 널리 퍼져 있다.

잠시 시간을 내어 지난 한 달 동안 가장 긍정적인 행동과 가장 부정적인 행동을 여섯 가지씩 적어 보길 바란다. 먼저, 부정적인 행동의 목록을 살펴보자. 그리고 각각의 부정적인 행동이 다음에 해당되는지 적어 보자.

1. 특정한 결과를 얻기 위한 노력, 다시 말해 관심이나 회피, 의사소통 등 필요한 것을 얻을 수 있는 방법을 제공하는가?
2. 파블로프의 개가 먹이를 먹기 전 소리가 들리면 침을 흘렸던 방식과 같이 환경에서 유발되는 의도가 없고 자동적인 반응인가?
3. 특정한 결과를 만들어 내기 위해 당신이 계획한 것이 아닌 감정의 표현. 즉, 당신 안에서 일어나는 감정에 기반한 것인가?

스스로 진단해 본 결과는 어떠한가? 내가 이 질문을 했을 때, 대부분의 사람은 그들의 부정적인 행동이 환경에서 특정한 반응을 만들어 내기 위해 의도적으로 계획한 것이라기보다 자신이 느끼는 어떠한 감정 상태의 결과라고 보고했다.

지적장애인이 우리와 다르다고 생각하는 이유는 무엇인가? 지능이 약간 낮은 사람들이 자신의 감정을 잘 통제하고 행동을 통해 일부러 다른 사람을 조종할 수 있다고 믿는가? 그들은 자신의 행동이 어떤 기능을 할 것인지, 의도적인 부정적 행동을 통해 어떤 욕구를 충족시킬 수 있을 것인지 면밀하게 평가할 수 있을까? 아마도 몇몇 사람은 그럴 수 있지만, 나는 지적장애인이 보이는 다소 과한 동작이나 행동은 그들의 감정을 표현하는 것이라고 확신한다.

감정 대 조종

행동은 그 자체로 하나의 언어이지만 많은 행동주의자가 가정하는 것처럼 고의적인 언어는 아니다. 많은 경우 그것은 감정의 언어이다. 언어 자체가 손상되면 행동이 언어가 된다. 우리 중에도 자신의 감정에 대해 자세히 말할 수 있지만 그렇게 하지 않는 경우가 많고, 말하기보다 감정을 폭발할 때까지 쌓아두기도 한다. 일반적으로 감정을 말로 표현할 수 있다면 행동으로 표현할 가능성은 적다. 이것은 지적장애인도 마찬가지다.

감정에 기반한 행동이 의도적인 것으로 잘못 해석될 수 있다. 기능평가에서는 행동문제 이면에 숨겨진 감정적 요소를 놓치는 경우가 흔하게 일어날 수 있다. 이것을 설명하기 위한 몇 가지 예는 다음과 같다.

🎙 마리안

마리안(Marianne)은 다운증후군을 가진 젊은 여자이다. 어느 날 저녁, 마리안은 종사자와 함께 쇼핑몰에 갔다. 마리안은 '애자(장애인을 비하하고 조롱하는 말)'를 큰 소리로 말하는 10대 청소년들을 만났다.

이것은 상상할 수 없는 일이 아니다. 학창시절 학교에서 다른 아이들에게 '애자'를 자주 들으며 놀림과 괴롭힘을 받았고, '넌 아무것도 할 수 없는 아이'라는 말을 들어 왔던 마리안은 이 말을 다시 들었을 때 나쁜 감정이 올라왔다.

마리안이 쇼핑몰에서 10대들이 '애자'라고 말하는 소리를 듣고 그녀의 온 몸이 과거의 부정적인 기억으로 가득 채워진다고 상상해 보자. 마리안은 화가 났지만 종사자들이 잠시 그녀를 진정시킬 수 있었다. 그들은 식사를 하기 위해 자리를 떠났고, 마리안은 다시 괜찮아졌다.

다음날, 마리안은 직장에 출근을 했고 새로운 일이 주어졌다. 그것이 복잡한 일은 아니었지만, 마리안은 새로운 일을 능숙하게 완수하지 못하였다. 마리안은 다시 시도하는 대신 화를 냈다. 그녀는 과거의 친구들과 어제 만났던 청소년들이 자신에게 애자(조롱의 말)라고 하면서, 너는 어떤 것도 제대로 할 수 없을 것이라고 말했던 것을 기억했다. 그 순간 마리안은 일어나 작업대를 뒤집었고 비명을 지르며 더 이상 할 수 없다고 소리쳤다. 종사자들은 마리안을 달래고 온종일 휴게실에서 쉴 수 있도록 허락했으며, 이 사건을 상부에 보고했다. 새로운 작업이 주어지는 날은 이와 같은 일이 반복해서 일어났다. 이번에는 마리안이 하고 싶지 않다고 말하였지만 종사자들은 그녀에게 다시 시도해 보라고 권했다. 첫 번째 시도에서 마리안은 성공하지 못했고 다시 작업대를 뒤집었다. 그리고 마리안은 주위의 모든 사람에게 욕설을 퍼부었다. 종사자는 다시 그녀를 달래고 작업장에서 데리고 나가 하루의 대부분을 휴게실에서 머물게 했다. 이번에도 종사자는 사건을 보고했다.

행동문제를 보인 앞의 두 가지 사건으로 심리학자가 자문하러 왔다. 심리학자는 기능분석을 통하여 마리안에게 새로운 작업을 제시하는 것이 작업대를 뒤집는 행동을 유발하는 일관된 촉발요인 또는 선행사건으로 볼 것이다. 그리고 후속결과는 마리안이 휴게실에 가서 쉴 수 있고 더 이상 과제를 수행하지 않아도 되는 것으로 해석할 것이다. 심리학자는 마리안의 행동의 기능이나 목적이 새로운 업무에서 벗어나는 것이라고 단정할 것이다. 만약 심리학자가 집에서 무슨 일이 있었는지 묻고 설령 집에서 일어난 어떤 것을 보고했더라도, 가정에서는 문제가 되는 그 행동이 일어나지 않았기 때문에 선행사건으로 보지 않을 것이다. '집에서는 괜찮다.'는 말은 심리학자들이 낮에 벌어지는 사건을 조사할 때 흔히 듣는 말이다. 거주시설의 종사자는 쇼핑몰에서 일어난 사건에 대해서는 이미 잊어버렸을 것이다.

실제로 마리안은 '애자'라는 말 때문에 낮은 자존감과 부정적인 정체감을 가지게 되었고 이에 고통받고 있었다. 마리안은 자신을 단지 '할 수 없는 사람'으로 본다. 새로운 업무가 주어지고 그녀가 업무를 완성하기 위해 노력을 했지만 성공하지 못하면서 스스로 '할 수 없는' 사람이라는 것을 증명한 것이다. 타인과 다르게 끔찍하게 부정적으로 낙인이 된 사람은 일을 하지 못하고 새로운 일을 배울 수 없는 사람이 된다. 스스로에 대한 부정적인 견해로 부정적인 감정이 일어나 마리안은 화를 내는 것이었다. 그녀는 사실 이렇게 생각할지도 모른다. "나는 아무것도 제대로 할 수 없어. 난 실패자야."

이후에 찾아온 심리학자는 마리안이 새로운 업무를 피하기 위해, 특정 행동을 함으로써 환경을 조작하는 사람으로 평가했다. 그리고 종사자들이 마리안에게 새로운 업무를 천천히 가르쳐 주고 마리안에 대한 존재감을 언어적으로 지지해 주기보다 오히려 마리안이 업무를 회피하는 선택을 할 수 있도록 계획을 세웠다. 즉, 마리안에게 그날 무엇을 할지 선택할 수 있도록 계획한 것이다. 마리안은 오래 전부터 해 온 익숙한 업무를 선택했다. 마리안은 자신의 낮은 자존 감을 확실하게 단언하면서 종사자가 자신이 새로운 일을 할 수 없고 하더라도 결코 제대로 할 수 없다는 것을 알고 있다고 생각한다. 마리안은 자신이 주변 사람보다 능력이 떨어진다는 패배감을 가지고 있기 때문에 더 쉽고 친숙한 일을 선택했다.

마리안이 작업대를 뒤집는 행동은 멈추었고, 심리학자의 중재는 성공한 것으로 보인다. 하지만 마리안은 영원히 새로운 일을 배우려고 하지 않는다. 종사자가 마리안의 두려움과 자기비하를 극복하고 새로운 과제를 배우도록 그녀를 지원했다면 마리안은 철저히 준비하여 자신에 대한 부정적인 견해에 맞서 싸울 수 있었다. 그러나 행동 계획은 그녀 스스로 자신에 대해 부정적인 신념을 가지도록 무의식적으로 강화시켰다. 어쩌면 마리안은 지금 자신을 행동문제를 가진 사람으로 인식하고 있을지도 모른다. 왜냐하면 자신 역시 문제행동 때문에 행동중재계획이 적용되는 사람들 중 한 사람이기 때문이다.

🎙 조앤

기능평가가 근본적인 문제를 놓칠 수 있다는 또 다른 일반적 상황은 감정적으로 관심을 끄는 행동을 했을 때이다. 조앤(Joanne)의 예를 살펴보자. 조앤은 4세부터 9세까지 의붓아버지로부터 성적 학대를 받은 젊은 여성이다. 이후 조앤은 위탁 가정에 보내졌고 방치되었다. 10대에 조앤의 어머니는 지금의 의붓아버지와 이혼하고 새로운 남자친구를 사귀었는데 조앤은 이 남자에게 다시 성추행을 당했다. 조앤은 자신이 살면서 사랑을 받은 유일한 때가 성상납을 했을 때였다고 믿었다. 그녀는 이것이 다른 사람들, 특히 남성에게 있어 그녀의 가치라고 생각했다. 조앤은 사랑과 자신의 존재 자체를 증명하기 위해 계속해서 성상납을 했다.

조앤은 주간 프로그램에서 매우 문란했다. 그녀는 다른 남자들을 유혹하고 화장실에서 성행위를 했으며 남자 종사자를 유혹하고자 시도하였고, 심지어 어느 날 오후에는 자신이 가장 좋아하는 남자와 차에서 성관계를 가지기도 했다. 심리학자는 기능평가를 통해 조앤이 하는 행동의 기능은 관심끌기라고 결론지었다. 이를 위한 행동관리는 조앤이 성적인 행동을 하면 관심을 주지 않다가 사회적으로 적절한 상호작용을 했을 때만 관심을 주는 것이었다. 그녀가 적절한 행동을 하면 칭찬을 받았지만 사교를 위해 접근하는 행동을 하면 모든 사람이 그녀를 무시하였다.

그 계획은 효과가 있을지도 모른다. 만약 이 기관이 좀 더 진보적이었다면 그들은 조앤이 남자들 중 한 명을 데이트 상대로 선택하도록 할 수도 있다. 하지만 불행하게도 조앤은 그녀가 진정으로 원하는 보살핌을 받지 못했다. 조앤은 자신의 성적 학대에 관한 과거 경험을 이야기할 때 수치심을 느꼈기 때문에 아무에게도 말하지 않았다. 그러나 누군가 시간을 내어 조앤의 문란한 행동에 가려진 내면의 상처에 대해 이야기했다면, 조앤이 성적인 행동을 통해 자신의 가치와 소중함을 느낀다는 것을 발견했을지도 모른다. 안타깝게도 조앤은 끝내 마음을 열지 못하고 상담이나 치료를 받지 않았다. 대신 조앤은 모든 사람이 자신을 '부적절한 사회적 행동'을 하는 사람으로 평가절하하는 것을 받아들였다. 조앤의 정체성은 성적 능력으로 가치가 있는 사람에서 문란함으로 경멸을 받는 사람, 문제행동을 하는 사람으로 낙인찍히고, 행동계획이 필요한 사람으로 바뀌게 되었다. 조앤의 진정한 욕구는 결코 충족되지 않았으며 그녀가 보이는 행동의 진짜 원인은 끝내 발견되지 않았다.

감정의 수량화

이렇게 잘못 이해되는 행동문제의 사례에서 기본적인 가정은 지적장애인에게 보이는 대부분의 행동문제가 본질적으로는 감정을 반영한다는 것이다. 이러한 가정은 측정하기 어렵다. 기능평가의 기초가 되는 가정은 행동을 통해 뭔가 얻는 것이 있다는 것이다. 관심을 통해서든, 회피를 통해서든 얻는 것이 있기만 하면 이러한 행동은 계속된다. 얻는 것이 바뀌면 행동도 바뀐다. 이러한 가정은 측정하기 쉬워 보인다. 행동을 측정하고, 그러한 행동을 유발하는 선행사건과 행동으로 인해 얻게 되는 보상을 측정하고, 보상을 조작해서 행동을 변화시키는 일련의 모든 과정이 목표행동을 성공적으로 변하도록 만들어 준다.

그러나 이러한 논리에는 몇 가지 근본적인 결함이 있다. 첫 번째 결함은 측정 자체가 주의를 제공한다는 것이다. 보상으로 얻는 이익을 변화시키는 데는 행동계획의 도입, 전문가의 참여, 지적장애인의 동의를 포함해야 하는데 이것은 전문가의 입장에서 지적장애인과 추가적으로 특별한 상호작용이 필요하다는 것을 의미한다. 지적장애인은 자신을 지원하는 전문가가 평판이 높아지고 종사자가 안정적인 직장생활을 유지하기 위해서 자신들에게 잘 수행하기를 바란다는 기대가 있다는 것을 느낀다. 제공될 보상과 아무 관련이 없는 행동계획이 도입된 후 지적장애인의 행동이 변화되었을 때 그 행동 변화에 대한 욕구는 무수히 많은 동기와 복합적으로 연결되어 있다.

행동계획의 대상이 되는 지적장애인은 더 많은 관심과 보상, 궁극적으로 더 많은 격려를 받는다. 수년간 내가 현장에서 만난 지적장애인들은 문제를 일으킨 사람들이 더 큰 보상을 받는 것에 화가 났다고 털어놓았다. 한 사람은 나에게 행동계획을 받는 사람들처럼 외출 허가를 자주 받을 수 있도록 자신에게 행동계획서를 써 달라고 부탁했다. 심지어 이 사람은 행동계획을 받기 위해서 억지로 부정적인 행동을 생각해 내려고 했고 나는 그를 설득하기 위해 많은 노력을 했다. 그러나 그의 생각은 맞았다. 행동문제가 있으면 관심과 보상을 점점 많이 받을 수 있다. 단조로운 일상에 얽매여 있을 때 계획을 세우는 것만으로도 삶은 더 즐거워질 수 있다. 많은 경우 행동문제가 있는 사람은 더 나은 수준의 서비스를 받는 것이 분명하다. 다른 사람도 그것을 알아차릴 수 있다. 지적장애인들 역시 그렇게 느낀다.

행동이 일어나는 빈도를 측정하여 수치화하고 우리가 얻은 그 숫자를 바탕으로 다양한 환경의 영향을 받아 나타나는 행동을 제대로 살펴보고 있다고 가정하는 것이 정말 타당할까? 내적인 자극과 감정 상태를 측정할 수 없을 때 어떻게 이것을 추정할 수 있을까? 우리는 다양한 방식으로 표현되는 감정을 어떻게 측정하고 수량화할 수 있을까? 또한 행동이 그 사람이 느끼는 무수한 감정 상태를 나타낼 수 있을까? 양적으로 측정된 행동결과로 환경적 변인을 조작하면서 지적장애인의 행동을 통제할 수 있다고 주장하는 사람에게 나는 이러한 질문을 하고 싶다.

연관성이 원인을 의미하는가

지역사회 환경에서 수행되는 기능평가의 또 다른 가정은 어떤 상황에서 일어나는 행동과 그로 인해 얻거나 혹은 잃는 것 사이에 연관성이 있을 때 이것이 인과관계를 의미한다는 것이다. 연관성이 원인이 될 수 있을까? 모든 통계학자는 인과관계를 증명하기 위해 높은 상관관계 수치 이상의 것이 필요하다는 것을 알고 있다(Bakeman, 1992). 지역사회에서 개인의 행동과 그 이후에 일어난 사건 사이에 상관관계가 있다고 해서 어떻게 인과관계를 가정할 수 있을까?

예를 들어, 신디는 목욕할 시간이 될 때마다 비명을 지르지만 샤워할 때는 소리를 지르지 않는다. 대부분 신디가 욕조에 앉을 때 불편함을 유발하는 무언가가 있다고 결론을 내릴 것이고, 신디는 샤워를 좋아하기 때문에 샤워를 하기 위해 상황을 조종하고 있다고 볼 것이다. 그러나 신디가 어렸을 때 욕조에서 성적 학대와 육체적 학대를 당했다는 것을 나중에 알게 된다고 생각해 보자. 그녀는 따뜻한 물로 몸을 적셔 가며 샤워하는 것을 더 좋아할 수도 있지만, 욕조에 앉을 때 과거의 고통스러웠던 기억이 다시 떠오를 수 있다. 우리는 이런 상황을 전혀 알지 못할 수 있다. 기능평가는 행동, 선행사건과 후속결과 간에 상관이 있기 때문에 그 행동을 유발하는 원인이라 보고 선행사건과 후속결과를 변경함으로써 문제의 근원이 해결된다고 가정한다.

지역사회에서 기능평가는 종종 오해를 불러일으킬 수 있다. 우리는 고통을 겪고 있는 사람을 자신의 이익을 위해 교묘히 환경을 조작하는 사람으로 여길 수 있다. 외상후 스트레스장애(Posttraumatic

Stress Disorder: PTSD)가 있는 사람은 그들의 행동이 나태하기에 의무나 환경적 요구에서 벗어나기 위해 또는 종사자나 환경에 대한 통제를 제어하고 자신의 권리를 주장하기 위해 특별한 행동을 하는 것으로 보일 수도 있다. 자신에 대해 형편없다고 느끼는 사람은 평가절하를 당했다고 느낄 때마다 당면한 문제를 해결하거나 돌파하기보다 그 문제에 매몰되어 버리거나, 존재 깊은 곳에서 울려나오는 '자신도 값어치가 있다.'는 감정의 표현을 잘 하지 못한다. 연관성이 원인을 의미하는 것은 아니며 기능평가가 항상 행동의 근본적인 원인을 밝히는 것은 아니다.

앞서 말한 것처럼 행동의 뒤에는 감정이 있는 경우가 많다. 종종 감정 뒤에는 과거의 트라우마와 그 결과가 쌓여 있다. 지적장애인을 제대로 이해하기 위해서는 외상후 스트레스장애와 연결하여 살펴볼 필요가 있다. 사람들이 쉽게 촉발되고, 그 촉발의 원인을 합리적으로 찾을 수 없을 때, 그것은 트라우마 반응일 수 있고 어느 정도 트라우마가 있다는 것을 의미한다(Siegel, 2010). 트라우마가 여전히 남아 있는 경우, 사람들은 그에 따른 감정을 미미하게라도 표출함으로써 트라우마를 완화시킨다. 그런 감정적 표출이 조작하는 행동으로 보일 수 있지만 실제로 그것은 남아 있는 트라우마에서 비롯된 감정에 기초한 반응이다. 트라우마는 회복되기도 하지만 현재의 경험으로 자리 잡기도 한다. 트라우마로 인한 고통이 재경험되면서 과거는 현재가 된다. 내가 제안한 행동모델은 문제의 원인을 반영하는 피라미드 구조([그림 2-1] 참고)를 기반으로 한다. 여기서 행동은 의도가 있는 조작된 행동이 아니라 오롯이 각 개인이 주관적으로 경험한 근원적인 감정을 반영하며 몸과 마음에 깊이 내재된 트라우마 경험에 기반을 둔 행동이다.

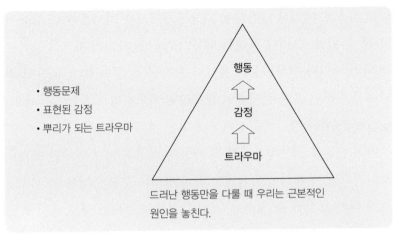

[그림 2-1] 행동 피라미드

숨겨진 행동표현형과 유전장애

기능평가와 관련된 또 다른 문제는 유전에 기인한 개인의 특성을 고의적이고 조작하는 행동으로 낙인찍는 것이다. 어떤 사람들은 유전적 소인을 가질 수도 있고 또는 행동표현형일 수 있다. 행동표현형이란 개인의 특정한 행동 패턴을 만드는 유전에 의한 행동표현이다. 패턴은 사람마다 다르게 만들어지고 그들만의 독특한 특성을 반영하지만 특정한 유전 질환이 있는 사람들 사이에는 공통된 특징과 경향이 있다.

예를 들면, 취약 X 증후군(fragile X)은 사회적 자극이 증가할 때마다 불안감을 나타내는 행동뿐만 아니라 사회적으로 회피하는 행동과 투쟁-도피(fight-or-flight) 경향의 행동표현형을 가지고 있는 것으로 알려져 있다(Smith, Barker, Seltzer, Abbeduto, & Greenberg, 2012). 만약 사회적 자극이 있을 때마다 공격성을 보이는 사람을 그들이 좋아

하는 장소로 데리고 나간다면 기능평가에서는 회피를 위한 행동이
라 할 수 있다. 그러나 이러한 행동이 사실은 사회적 자극이 증가함
에 따라 나타나는 두려움과 불안이 표출된 것일 수 있다. 따라서 취
약 X 증후군이 불안에 휩싸인 경우라면 자기진정 기술(self-soothing
techniques)과 항불안제를 함께 사용하는 것이 좋다.

이와 반대로 기능평가에서 그 행동은 회피의 기능을 하는 것으로
보이기 때문에 개인에게 선택을 하게 하거나 불편한 상황을 견뎌 낸
것에 대한 보상을 줄 것이다. 생물학적으로 관련이 있고 유전에 근
거한 불안감은 결코 적합하게 다루어지지 않을 것이다. 기능평가는
행동의 유전적, 생물학적 원인을 지나치게 단순화하고 이를 발견하
지 못한다. 많은 경우 행동표현형과 실제 유전장애를 완전히 놓칠
수 있다.

무시된 태아기 알코올 손상

『깨어진 코드(The Broken Cord)』(1989)에서 마이클 도리스(Michael
Dorris)는 태아 알코올 증후군(Fetal Alcohol Syndrome: FAS)을 앓고 있
는 자신의 입양한 아들의 가슴 아픈 이야기를 전했다. 도리스는 아
들을 양육하면서 부모로서 경험한 것과 연구자로서 관련 연구를 검
토한 것을 토대로 태아 알코올 증후군을 가진 이들은 원인과 결과를
연결하는 데 매우 어려움을 겪고 있다고 설득력 있게 이야기했다.
말하자면 태아 알코올 증후군의 뇌는 순차적인 사고를 하는 부분에
결함이 있다. 이들은 많은 인지적 기술을 습득할 수 있지만 행동과
반응, 원인과 결과 사이의 연관성을 인지하거나 이해할 수 없다. 예

를 들어, 태아 알코올 증후군을 가진 사람이 어떤 사람을 귀찮게 할 때 그 사람이 야단을 칠 수 있다. 그러나 태아 알코올 증후군을 가진 이는 그 사람이 왜 자신에게 야단을 치는지 이해하지 못한다. 그래서 짜증을 낸 그 사람에게 똑같은 행동을 반복할 수 있다. 이미 짜증이 난 사람은 더욱 화가 나서 다시 야단을 치고, 태아 알코올 증후군을 가진 사람은 여전히 그가 왜 화를 내는지 자신에게 왜 소리를 지르는지 전혀 이해하지 못할 것이다.

나는 태아 알코올 증후군을 가진 사람과 이러한 경험을 한 적이 많다. 특히 엘렌(Ellen)이라는 사람이 떠오르는데, 엘렌은 형제 자매와 조카들과 함께 살았는데 사랑으로 서로를 보살피는 가족이었다. 엘렌의 어머니는 유방암으로 몇 년 전에 죽었고, 아버지가 죽을 때까지 아버지와 함께 살았다. 엘렌은 아버지가 아프면 아버지를 돌보는 것을 도왔다.

엘렌은 아버지가 세상을 떠난 후 8명이 거주하는 그룹홈으로 이사를 했다. 나는 매일 저녁마다 함께 지내는 사람 중 불같은 성격을 갖고 있는 두 명의 거주자와 갈등을 겪는 엘렌을 위해 행동계획을 작성해 달라는 요청을 받았다. 때때로 엘렌이 먼저 분란을 일으키긴 했지만 그 일에는 끼어들지 않았다. 다만 엘렌이 한 일이라곤 성질이 불같은 두 명의 거주자에게 번갈아 가며 고함을 지른 것뿐이었다.

그룹홈에 거주하는 다른 사람은 쉽게 흥분하는 두 사람을 자극하지 않는 것이 좋다는 것을 알기에, 엘렌에게 그만하라고 조언했지만 엘렌은 절대 멈추지 않았다. 우리는 엘렌이 다른 사람을 자극하지 않으면 보상으로 쇼핑을 갈 수 있도록 계획을 세웠지만 그녀는 한 번도 가지 못했다. 우리는 엘렌이 매일 좋아하는 다이어트 음료를 얻도록 격려했고, 그녀는 7개 중 2개를 받았다. 엘렌은 더 자주 그 두 사람을 자극했다. 우리는 기능평가를 통해 엘렌이 관심을 받기 위해 다른 사람과 갈등을 일으킨다고 가정하여 엘렌에게 더 많은 관심을 주려고 노력했다. 그녀에게 많은 관심을 기울였고 엘렌과 많은 특별한 활동을 했다. 하지만 엘렌의 행동은 계속되었다. 우리는 엘렌이 종사자의 관심보다 동료들의 관심을 더 좋아한다고 결정하여 동료들과 지내는 기회를 마련했다. 엘렌은 자신이 선택한 동료들과 함께 더 많은 시간을 보냈지만 그녀의 행동은 여전히 계속되었다. 우리는 계획의 보상을 변경하여 다른 사람을 모욕하거나 놀리지 않을 경우 돈을 준다고 했지만 그것도 아무런 성과가 없었다.

어느 날 나는 그 시설의 다른 프로그램에 참여한 동료와 이야기를 나누었다. 그는 매우 똑똑했지만 IQ 검사를 비롯한 어떤 검사에도 오랫동안 집중할 수 없을 정도로 정신질환에 시달리고 있었다. 타고난 지능에도 불구하고 그에게는 경도 지적장애라는 꼬리표가 붙여졌다. 그는 나에게 '알코올 문제'가 있는 것처럼 보이는 여자가 있었다고 말했다.

"무슨 문제입니까?"라고 나는 물었다. "그녀의 어머니가 그녀를 임신했을 때 술을 마셨다."라고 말했고 나는 그 남자를 쳐다보았다. 그는 '악랄한 IQ 검사'를 실시하는 '악랄한 심리학자'가 자신의 인생을 망쳤다고 비난하는 표정으로 나에게 말했다. 나는 그가 짧은 생머리의 엘렌에 대해 말하는 것을 들었다. 나는 엘렌이 실제로 태아 알코올 증후군의 특징을 가지고 있다는 것을 결코 알지 못했다. 나는 엘렌을 만나 어머니가 술을 마신 적이 있냐고 물었다. "엄마는 맥주를 사랑했지요!" 엘렌이 소리쳤다. "엄마는 항상 맥주를 마셨어요."

나는 엘렌이 태아 알코올 증후군을 가지고 있다는 것을 깨달았다. 우리는 결과를 제시하고 강화물을 변경하거나 우발상황을 조작하였지만 그것이 무엇이든 간에 엘렌은 자신의 행동과 그들이 제시한 결과 사이의 인과관계를 이해하지 못했다. 엘렌은 왜 사람들이 그녀에게 화를 내는지, 그리고 그녀의 행동이 사람들에게 어떠한 영향을 주었는지, 환경에 어떠한 부정적인 결과를 초래했는지 결코 이해하지 못했다.

나는 시설의 주거 담당자에게 엘렌이 이사하는 것이 좋겠다고 말했다. 엘렌은 두 명의 아주 조용한 여성과 함께 셋이 살 수 있는 그룹홈으로 이사를 했다. 엘렌은 잘 어울렸고 그들도 엘렌의 부정적인 말에 전혀 신경을 쓰지 않았다. 엘렌은 종사자가 제시한 모든 계획을 잘 따랐다. 엘렌은 화목하게 잘 살 수 있었고 그녀들은 가끔 엘렌이 격앙되어도 잘 받아주었다. 나는 기능평가를 하고 행동계획을 실행하기 전에 먼저 정확하게 진단하는 방법을 배웠다. 그 때 주간 프로그램에서 만난 청년은 나에게 최고의 컨설턴트 중 한 명이었다.

요약

나는 이 장에서 기술된 각각의 사례와 유사한 다양한 상황에 이런저런 자격으로 관여해 왔다. 기능평가가 상황의 근본적인 부분을 가리고 정확한 진단을 놓치거나 오해하게 만들고, 중요한 정서적 문제를 간과하게 할 수 있기에 다양한 방법으로 되돌아보는 것이 중요하다. 지적장애 분야의 심리학자로서 나는 오랫동안 기능평가가 지적장애인에게 영향을 미치는 중요한 감정적, 사회적 문제들을 축소하여 바라보는 것에 대해 우려를 표해 왔다. 특별히 나는 지적장애성인과 그들의 욕구에 대해 언급하고 있다. 아동에게는 이러한 기능평가에 기반한 중재가 원인과 결과, 그리고 자기조절을 가르치는 데 도움이 될 수 있다(Catania, 1984). 그러나 성인의 경우, 기능평가는 이들의 복잡한 동기와 욕구를 지나치게 단순화하고, 중요한 감정을 감춰 버리게 만들기 때문에 가능한 한 최소화하는 것이 최선의 방법이다.

성인이 될 때까지 오랜 세월 다양한 경험으로 살아온 지적장애인을 진정한 인격체로 인정하고 존중해야 한다. 지적장애인들을 마치 원하는 결과를 얻기 위해 끊임없이 애쓰고 결과를 조종하고 통제하려고만 하는 '자본주의자'로 간주하는 것은 부정확한 판단이며 근본적으로 이들을 비하하는 것이다. 행동 변화에 대한 총체적인 접근이 시급하다. 더욱이 이러한 접근법을 감독관, 행정책임자, 임상전문가가 개방된 태도로 수용해야 한다. 아무도 다른 사람을 조종하는 전문가가 될 수 없다. 사람을 조종해서 얻는 성과는 오래 지속되지 않을 것이다. 우리 모두가 성장과 긍정적인 발전을 촉진하는 전문가가 되자. 존경과 지원의 전문가가 되자.

참고문헌

Bakeman, R. (1992). *Understanding social science statistics: A spreadsheet approach.* Hillsdale, NJ: Erlbaum.

Catania, A. C. (1984). *Learning.* Englewood Cliffs, NJ: Prentice Hall.

Clements, J., & Martin, N. (2002). *Assessing behaviors regarded as problematic for people with developmental disabilities.* New York: Jessica Kingsley Publishers.

Dorris, M. (1989). *The broken cord.* New York: Harper & Row.

Sandman, C. A., Touchette, P., Lenjavi, M., Marion, S., & Chicz-DeMet,

A. (2003). Beta endorphin and ACTH are dissociated after self-injury in adults with developmental disabilities. *American Journal of Mental Retardation, 6,* 414-424.

Siegel, D. J. (2010). *The mindful therapist: A clinician's guide to mindsight and neural integration.* New York: W. W. Norton.

Smith, L. E., Barker, E. T., Seltzer, M. M., Abbeduto, L., & Greenberg, J. S. (2012). Behavioral phenotypes of fragile X syndrome in adolescence and adulthood. *American Journal of Intellectual and Developmental Disabilities, 117,* 1-17.

3

중재보다 예방이
최선이다

응용행동분석 치료사들은 행동의 4가지 주요 기능이 관심, 회피, 감각자극과 의사소통이라는 것에 대체로 동의하기 때문에, 우리는 반응에 따른 대응보다 그러한 반응이 나오지 않도록 사전에 예방하는 데 초점을 맞추는 것이 타당하다고 생각한다(Carr et al., 2006). 존(John)이 관심을 받기 위해 행동문제를 가지고 있다면 왜 우리는 존이 관심을 받기 위한 문제행동을 하기 전에 먼저 관심을 가져 주지 않았을까? 만약 린다(Linda)가 어떤 일을 회피하기 위해 행동을 하고 있다면, 왜 우리는 린다에게 어떤 일을 할지 혹은 언제 할 것인지에 대한 선택권을 주지 않았을까? 만약 일에 대한 선택권을 줬다면 린다는 문제행동을 통해 자신의 욕구를 충족시킬 필요가 없었을 것이다. 낸시(Nancy)가 좌절감을 느끼고 언어표현이 어려울 때 벽에 구멍을 낸다면, 보드메이커를 사용하도록 가르치거나 그림 기호판을 사용하여 의사소통을 하도록 도와줄 수 있다. 또 다른 유용하면서도 구하기 쉬운 방법은 의사소통 향상을 위한 다양한 응용 프로그램을 사용할 수 있는 태블릿 PC이다. 태블릿 PC에서는 자칫 잘못 이해할 수 있는 그림 기호 대신 의사소통 대상의 실제 사진을 사용할 수 있다. 만약 앨런(Allen)이 너무 심심해서 감각적인 자극을 위해 긁는다면 그가 어딘가를 긁기 전에 피부에 진동 안마기를 쓰거나 로션을 바르는 방법을 가르쳐 주자. 앨런이 이해하지 못하는 영화나 TV쇼보다 그가 즐길 수 있는 음악을 틀어 줄 수도 있다. 그에게 다양한 인생을 경험할 수 있는 기회를 주되, 자신에게 상처를 주지 않으면서 최대한 자신을 즐겁게 만들 수 있는 다양한 방법을 가르치자.

이것은 지나치게 단순화된 접근처럼 보일지 모르지만 '예방'에 대한 고려를 하게 한다. 만약 행동이 4가지의 주요 기능을 가지고 있고 개인이 그 기능을 충족시키기 위해 행동을 수행한다면, 그것을 얻기 위해 부정적이거나 긍정적인 행동을 취하지 않고도 원하는 것에 접근할 수 있도록 허용해 보자. 인간으로서 그들에게 관심, 선택, 의사소통 방법과 자극이 필요할 것이라고 기대하자.

만약 당신이 삶의 즐거움을 얻기 위해 소란을 피운다고 상상해 보라. 당신이 할 수 있는 유일한 오락거리가 이해하지 못하는 TV 프로그램을 시청하는 일이거나 당신이 참여할 수 없는 활동에 가는 것이라고 생각해 보라. 우리가 만나는 지적장애인 한 사람, 한 사람을 주의하여 살펴보고 선택, 관심, 즐거움과 의사소통 같은 인간의 욕구를 충족시키는 데 도움이 될 수 있는 방법을 알아낸다면 우리는 문제행동의 발생률을 대폭 줄이고 심리학자와 상담하는 데 드는 비용을 상당히 절약할 수 있다.

예방적 접근에는 임상전문가가 필요 없다. 나는 이중진단협회(National Association for the Dually Diagnosed) 웹사이트에 각 개인이 자신의 요구를 어떻게 잘 충족시키고 있는지 평가하는 도구(Harvey, 2009)를 제공하고 있다. 이것이 욕구와 욕구 충족을 평가하는 유일한 방법은 아니다. 개인이 꼭 특정 행동을 하지 않고도 사전 예방 차원에서 인간의 기본적인 욕구를 충족시키는 데 도움이 되는 도구가 많이 있다.

행위 예술로서의 행동

행동을 행위 예술의 한 형태로 보는 사람도 있다. 지적장애인 중 특별한 재능을 가진 사람들이 있다. 창의적인 재능은 종종 인지적 기술에 영향을 주지 않고도 나타날 수 있다. 나는 연기에 대한 애정과 연기력이 있어 연극에 참여하는 것을 좋아했던 많은 사람과 함께 일한 적이 있다. 그러나 그들은 자라면서 그런 기회를 가질 수 없었다. 기회 부족과 충족되지 못한 창의력으로 인해 그들은 행동하면서 연기 재능을 사용하였다. 이 때 행위는 개인이 쓴 각본에 의한 것일 수 있고, 더 자주 즉흥적으로 연기한 것일 수 있다.

레이첼(Rachel)은 행위 예술에 재능이 있다. 레이첼은 밤에 근무교대를 하고 나가는 종사자에게 화가 나 컴퓨터, 키보드, 텔레비전과 같은 값비싼 물건을 창문 밖으로 던져 그 종사자로 하여금 다양한 파괴장면을 목격하게 했다. 앤(Ann)은 가짜 발작을 좋아했다. 그녀의 집에 사람들이 모이면 앤은 바닥에 넘어져서 한쪽 눈을 뜬 채로 몸을 흔들며 사람들이 어떤 반응을 하는지 살폈다.

이러한 행위들은 연극적 재능이 간과될 경우 관심을 끌기 위한 필사적인 시도로 잘못 해석될 수 있다. 좀 더 자세히 살펴보면 우리는 이러한 것들이 단지 표현되어야만 하는 재능이라는 것을 알 수 있다. 이러한 경우에 지적장애인에게 관심은 충분히 주어져 있다. 원하는 것은 자신의 연극을 볼 '관객'이다. 관객이 도착하면 공연이 시작된다. 혹은 극적인 기회가 생기면 배우는 즉흥적으로 그 순간을 자연스럽게 이용하여 연기할 수 있다. 이 때 창작의 요소를 간과해서는 안 된다.

창작이 다른 방식으로 나타날 수 있지만, 예술가가 작업 중일 때 이를 간과해서는 결코 안 된다. 가드너(Gardner, 1993)는 오래전부터 지능의 종류가 다양하고 그 중 몇 가지만 IQ 검사로 측정된다고 주장해 왔다. IQ 검사에서 72점 이하의 점수를 받은 사람이라도 창의성, 정서적 인식, 자신에 대한 통찰력, 공간 능력 등으로 표출되는 다양한 유형의 지능을 가질 수 있다. 그는 발달장애인이 연구대상으로 포함된 자신의 연구를 통해 지능에는 모두 7가지 유형이 있다는 결론을 내렸다. 가드너는 비록 인지적 결핍이 있을지라도 개인 내 다양한 지능이 존재할 가능성은 여전히 크다고 주장했다.

베어(Baer, 1993)는 다양한 창의성 이론과 관련된 연구를 비교했다. 그는 연구들을 분석한 결과, 창의성이 훈련될 수 있는 것이 아니며 다른 유형의 사고, 다시 말하면 전통적인 지능과 항상 상관이 있다고 볼 수 없는 '확산적 사고(divergent thinking)'를 포함한다고 결론을 내렸다.

그러므로 우리는 다양한 창의적인 사고방식과 창의적인 능력을 가지고 있지만 제한된 환경 때문에 창의성을 발휘할 수 없는 지적장애인이 있다고 결론지을 수 있다. 나는 행동 자체가 지적장애인에게는 창조적인 출구이자 잘 알려지지는 않았지만 하나의 예술형태로 보아야 한다고 생각한다. 따라서 예방적 접근에서는 지적장애인이 문제행동을 보일 때, 이를 창작 행동으로 볼 수 있어야 하고 없애야 하는 행동이 아니라 창의성이 발현되는 것으로 보아야 한다.

행복

긍정심리학자들은 부정적인 감정 상태가 어떻게 존재하고 전이되는지에 대해 초점을 맞추기보다 인간이 어떻게 행복해질 수 있는지에 초점을 맞추면서 정신건강 문제에 대한 반향을 일으켰다. 긍정심리학의 아버지라 불리는 마틴 셀리그먼(Martin Seligman)은 인간의 심리적 사고발달에 대한 관점이 행동 변화에 대한 스키너(B. F. Skinner)의 행동주의에서 더욱 인지적이고 긍정적인 접근방식으로 발전되었다고 설명했다. 그와 다른 심리학자들이 수행한 동물연구를 기술한 후 그는 다음과 같이 언급하였다.

> 촘스키(Noam Chomsky)와 피아제(Jean Piaget) 같은 사상가들 또는 정보처리 심리학자들과 결을 같이 하는 우리의 발견은 연구 분야를 마음으로까지 확장했고 행동주의자들을 완전히 뒤로 물러나게 했다. 1975년 무렵에는 사람과 동물의 정신과정에 대한 과학적 연구가 박사학위 논문에서 가장 선호되었던 주제인 쥐의 행동에 대한 연구를 대체했다(Seligman, 2006, p. 28).

성인에게 적용되는 심리학 분야는 지난 30년 동안 행동주의의 울타리와 스키너의 관점 및 접근방식의 한계에서 벗어났다. 하지만 지적장애성인을 대상으로 한 심리학 분야는 그동안 어떠한 변화와 발전도 없었던 것처럼 보인다.

행복과 긍정심리학

마틴 셀리그먼은 심리적 안정을 촉진하는 긍정적인 심리운동이 일어나는 데 기여하였다. 셀리그먼은 행복을 달성하는 데 관련된 보편적 요소 또는 그가 선호하는 '웰빙'구조에 초점을 맞추었다(Seligman, 2006). 그의 연구와 최신 저서『플로리시(Flourish)』(Seligman, 2011)에서는 웰빙의 다섯 가지 요소를 분석하였다.

첫 번째 요소는 긍정적인 정서이며 근본적으로 즐거움을 뜻한다. 이것은 주로 수동적인 상태에서 삶을 즐기는 상태이다. 맛있는 식사를 하거나 즐거운 영화를 관람하는 것을 포함할 수 있다. 웰빙의 두 번째 요소는 몰입이다. 몰입을 하는 동안 사람들은 자신의 환경에서 무언가에 완전히 빠져 상호작용을 한다. 취미활동을 하거나 게임을 하거나 글을 쓰거나 그림을 그리거나 창작활동을 하고 있을 수 있다. 세상에 참여하고 몰입하는 것이 행복을 증진시키는 것으로 나타났다.

셀리그먼은 이전 저서인『진정한 행복(Authentic Happiness)』(Seligman, 2006)에서 행복의 주요 요소로 즐거움, 몰입, 의미의 3가지만을 포함했다. 최근에는 저서『플로리시(Flourish)』(Seligman, 2011)에서 관계가 전반적인 웰빙의 중요한 측면이라고 주장하면서 웰빙의 구성요소에 추가했다. 이것은 모든 인간에게 적용되며 이를 증명할 수 있는 많은 문헌이 존재한다(seligman, 2011). 반대로 셀리그먼은 외로움이 대부분의 우울증을 야기하는 뿌리라고 단언했다. 특히 지적장애인에게는 확실히 맞다. 사회로부터 이미 소외되어 있다고 느끼는 사람에게 외로움은 숨이 막힐 정도로 힘들게 만든다.

셀리그먼이 최근 저서에서 추가한 웰빙의 다음 요소는 성취이다. 그는 성취가 웰빙의 결정적 요소라고 주장했다. 많은 사람이 긍정적인 정서 경험인 성취감을 느끼기 위해서 노력한다고 언급하였다.

마지막으로 행복의 요소 중 보람 있고 만족스러운 것이 가장 오래 지속되는데, 이것은 다름 아닌 의미의 정도이다. 셀리그먼의 연구에 따르면, 삶에서 목적을 발견하고 삶에 의미가 있다고 느끼는 사람은 비록 그들의 즐거움이나 몰입의 수준이 높지 않더라도 가장 높은 수준의 행복을 누리고 있다는 것을 보여준다. 영적 지도자들이 오랫동안 우리에게 가르친 것처럼 소명을 가지고 살아가는 것은 우리 존재에 더 깊은 기쁨을 준다.

이러한 원칙은 지적장애인에게 쉽게 적용된다. 목적과 의미를 찾은 사람은 목적 없이 하루를 보내는 사람보다 더 만족스러운 삶을 살아갈 수 있다. 예를 들어, 지적장애인이 진정으로 필요하다고 느끼는 직업을 가지고 있다고 가정해 보자. 행동문제를 보이는 사람도 대부분 자신이 필요한 일을 찾으면 자연스럽게 행동이 바뀌는 것을 보았다. 목적의식은 그들이 존재하는 모든 삶 속에 스며들어 있으며, 더 이상 반항하거나 갈등을 일으킬 필요가 없어진다. 그들은 사회에서 필요한 사람이 된다.

지적장애인 두 사람이 결혼할 때도 마찬가지다. 갑자기 누군가가 아내나 남편의 위치에 있게 되면 사명을 갖게 된다. 그들은 직장에서 열심히 일하고 많은 돈을 벌어 집으로 가져갈 수 있고, 집안일을 더 열심히 하고 집안을 깨끗하게 청소하는 등 적극적으로 살아간다. 자신의 삶에 중요한 의미와 목적을 부여하는 역할을 찾아냈기 때문이다. 또한 그들은 셀리그먼(2011)이 설명한 대로 결혼이라는 대인간 관계를 통해 웰빙의 상태를 만끽하고 있는 것이다.

행동의 변화는 행복을 찾음으로써 쉽게 촉진될 수 있다. 또한 행동의 변화는 목적의식과 의미를 갖게 되어 행복해짐으로써 더 빠르고 효과적으로 일어난다. 이러한 예는 무궁무진하다. 살면서 우리의 행동이 가장 효과적으로 변화될 때는 삶에서 특정한 역할을 맡아 그것에 맞게 자신을 적응시킬 때 일어난다. 학생에서 전문가로, 연인에서 배우자로, 청년에서 부모로의 역할을 취하는 것과 같이 우리 삶에 큰 의미를 부여하는 역할을 맡게 되면 자연스럽게 우리의 행동은 변하게 된다. 이런 경우 변화가 일어나기 위해 외부의 자극이 필요하지 않다. 우리 자신의 목적의식이 인생 전반에 걸쳐 행동의 변화를 일으키게 만드는 충분한 동기가 된다.

행복평가와 절차

개인의 행복은 모두 다르고 특별하다. 나의 삶에 의미를 부여하는 것이 다른 사람에게는 그렇지 않을 수 있다. 내가 즐기는 취미가 다른 사람에게는 지루할 수 있다. 지역사회 환경에서 지적장애인을 지원하는 기관인 아크 볼티모어(Arc Baltimore)에서 우리는 각 행동계획에 개인을 특별히 행복하게 만드는 것을 평가해서 그 내용을 추가하도록 했다. 필요한 기능평가를 실시한 후 행복평가를 실시한다. 행복평가(Harvey, 2009)는 당사자와 종사자를 함께 면담하여 즐거움, 몰입과 의미의 정도에서 그들을 행복하게 만드는 자원을 파악하고 지적장애인을 지원한다.

아크 볼티모어에서 우리는 긍정적 행동 절차와 함께 '행복 절차'를 실행했을 때 지적장애인의 행복수준이 높아지고 행동문제가 크게 감소한다는 것을 알게 되었다. 다시 말해 행복한 사람은 자기 자신이나 다른 사람을 해치거나 기물을 파괴하거나 논쟁을 일으키는 경우가 거의 없다. 그들은 행복만으로 너무 바쁘다.

이 절차는 매우 효과적이었다. 또한 행동계획의 각 단계에서 행복을 높이기 위한 절차가 실행될 때 개인은 훨씬 더 보람 있고 만족스러운 삶을 영위하였다. 또한 이것은 지적장애인이 복용하는 항정신성 약물을 줄이는 데도 도움이 될 수 있다.

예를 들어, 리사(Lisa)는 대런(Darren)과 원만한 관계를 위한 행동계획을 통해 여자친구로서의 역할에 의미를 찾았다. 대런 역시 그의 행동을 크게 바꾸었다. 리사는 도망쳐서 며칠째 실종된 전력이 있었다. 하지만 리사는 더 이상 이런 행동을 하지 않았고 대런과 데이트를 할 때 자신이 훨씬 더 매력적이라는 것을 알게 되었다. 리사와 대런은 현재 함께 이사할 계획을 가지고 있고, 리사는 대런과 1년 넘게 사귀면서 그동안 단 한 번도 도망치지 않았다.

지적장애인이 행복을 찾도록 돕는 것은 개인의 행동을 통제하고 올바른 행동에 보상을 주는 것보다 훨씬 더 간단하다. 그들은 더 이상 아이가 아니다. 성인기에 들어서면 훨씬 더 광범위하고 풍요로운 성인으로서 살아가고 싶은 마음을 가지고 다양한 관계를 맺을 수 있는 접촉의 기회를 갖게 된다. 그들은 사회에서 소외될 수 있는데 이렇게 통합되어 살아가는 것이다. 더 이상 분노와 절망을 표현하기 위해 행동할 필요가 없다. 대신 몰입하고 의미 있는 성인기의 삶을 추구하느라 바쁘다. 누구나 바쁘고 행복하면 문제를 일으킬 시간이 없다.

요약

불행하고 행동으로 불행을 표현하는 대부분의 사람은 행복을 추구할 기회가 생길 때 의미 있는 변화를 겪는다. 지루해서 문제를 일으키는 대부분의 사람은 자신의 행복을 추구하는 데 몰두하게 될 때 더 이상 문제행동을 보이지 않는다. 또한 창의력을 가진 사람은 대부분 자신의 창의성이 행위적 공연 예술보다 몰입과 의미의 형태로 전달될 때 훨씬 더 행복감을 느낀다. 개인의 욕구가 충족되고 행복을 추구할 수 있게 된다면 그들은 자신의 욕구를 충족시키기 위해 굳이 도전적인 행동을 할 필요가 없다. 이들은 즐거움, 몰입과 의미를 향상시키는 데 집중하게 되며, 종사자는 행동 통제자가 아닌 행복 코치가 될 수 있다.

참고문헌

Baer, J. (1993). *Creativity and divergent thinking: A task specific approach.* Hillsdale, NJ: Erlbaum.

Carr, E., Levin, L., McConnachie, G., Carlson, J., Kemp, D., & Smith, C. (2006). *Communication-based intervention for problem behavior: A user's guide for producing positive change.* Baltimore, MD: Paul H. Brookes.

Gardner, H. (1993). *Multiple intelligences: The theory in practice.* New York: Basic.

Harvey, K. (2009). *Happiness assessment.* Available at http://pid.thenadd.

org/Happiness%20Assessment.pdf

Seligman, M. (2006). *Authentic happiness*. New York: Vintage Books.

Seligman, M. (2011). *Flourish*. New York: Free Press.

4

잘못 진단되면
위험하다

행복은 항상 쉽게 오는 것이 아니다. 어떤 사람은 정신적 문제가 있어 성취감을 느끼지 못한다. 어떤 사람은 규명하기 어려운 유전적 질환을 가지고 있으며, 술이나 약물복용의 문제 등으로 손상될 수 있다. 또 다른 사람은 행복을 추구하는 데 방해가 되는 수많은 트라우마를 견디며 힘들어하고 있을지 모른다.

정확한 진단에 대해 제대로 이해하지 못하면 사람들을 도울 수 없다. 앞서 표출된 행동을 과도하게 강조하여 정확한 진단을 놓친 사람들의 다양한 사례를 보았다. 많은 경우 근본적인 원인을 놓치기 때문에 정확한 진단이 이루어지지 못한다. 지금부터 행동문제를 일으키게 만드는 요인이 유전적인지, 태내 요인인지, 트라우마에 기반한 것인지 올바르게 이해하는 데 초점을 맞춰 기술할 것이다. 그에 따라 진단이 정확하게 이루어졌을 때 지적장애인이 어떻게 자유롭고 행복한 삶을 추구할 수 있는지 알아보고자 한다.

유전장애와 행동표현형

잘 알려지지 않았고 종종 확인되지 않는 유전장애가 최근 확인되었다(Fletcher, Loschen, Stavrakakaki, & First, 2008). 앞서 언급했듯이 이러한 장애와 관련되어 나타나는 정신적, 행동적 프로파일은 일반적으로 '행동표현형'으로 간주되는데 이것은 때때로 온전히 행동장애의 증상으로만 잘못 진단되기도 한다. 나도 과거에 이런 실수를 범했는데 죄책감이 들었다. 사실 나중에 유전장애에 대해 배우고 그것을 얼굴 특징과 행동표현형과 연결하여 이해하기 전에는 다양한 사례에 대하여 잘못 이해하여 오진하기도 했다. 이러한 사례들을 공유하여 오해의 소지가 있는 몇 가지 장애에 대해 살펴보고, 전적으로 행동주의적 치료로 접근하는 것은 불충분하다는 것을 말하고자 한다.

주버트 증후군

데비(Debbie)는 휠체어를 사용하는 젊은 여성이다. 그녀의 다리 근육은 긴장 저하로 극도로 이완되어 걷기가 어렵고 시력 또한 나빴다. 그녀는 더 잘 보기 위해 머리를 옆으로 돌려서 누군가를 바라보곤 했다. 내가 데비를 처음 만났을 때는 프로그램 책임자가 그녀를 위해 프로그램을 실시했지만 아무런 성과가 없어 좌절감에 빠져 상담을 요청한 상태였다. 그들은 "데비를 위한 행동계획을 세웠는데, 그녀의 행동을 관리할 수 없다. 달리 무엇을 어떻게 해야 할지 모르겠다."라고 말했다. 1990년대 초는 늘 그랬듯이 상담은 최후의 수단이었다. 사실 그 상담은 데비의 행동을 조절하는 데 도움을 주기 위한 마지막 시도였다.

화가 났을 때 데비는 화장실에 가야겠다고 요청하지 않고 대신 그 자리에서 소변을 보았다. 종사자들은 데비가 종종 화장실에 가고 싶다는 말을 했었기에 그녀 스스로 통제하는 방법을 알고 있다고 주장했고, 의도적으로 이런 일을 하고 있다고 확신했다. 또한 데비는 불평을 늘어놓으며 큰 소리로 울었다. 나는 나중에 그녀가 남자친구를 원했지만 휠체어를 실을 차가 없어서 데이트를 할 수 없다는 것을 알았다. 데비는 가족이 보고 싶었지만 그녀를 보러 오지 않았다. 데비는 직업을 바꾸고 싶었지만 바꿀 수 없다는 말을 들었고, 종사자가 그녀의 말을 들어 주기를 원했지만 종사자는 자신의 아이를 양육해야 했기에 바빴다. 데비는 함께 사는 주거시설의 동거인과 친구가 되고 싶었지만 그들은 데비를 좋아하지 않았고 그 사실을 그녀에게 분명하게 했다.

데비가 감정이 격한 상황에서 소변을 보는 부적응 행동을 통제하기 위해 많은 행동계획이 작성되었다. 최종 완성된 계획에서 행동에 대한 기능을 분석한 결과는 '관심'을 받기 위해 '부적절하게 소변'을 본다는 것이다. 그녀는 관심을 끌기 위해 이런 일을 하고 있고, 종사자들이 자신이 본 소변을 청소하고 옷을 세탁하고 갈아입는 일을 도와야 하기 때문에 관심을 받을 수 있었다. 계획을 작성한 사람은 종사자에게 데비를 돕는 동안 그녀와 말을 해서는 안 되고 최소한의 관심만 기울이라고 했다. 데비는 나아지기는커녕 더 나빠졌다.

내가 데비를 만난 그 시기에 그녀는 종사자들에게 매우 상처받고 거절당했다고 느꼈던 것이 분명했다. 데비는 문제행동을 거듭하며 화가 날수록 더 많은 소변을 보았다. 그녀가 소변을 볼수록 더 화가 난 종사자가 데비를 따라다녔다. 전문가들은 관심을 끌기 위해 데비가 일부러 이런 일을 하고 있다고 종사자에게 이야기했기 때문에 종사자들은 데비에게 더욱 화가 나 있었다. 종사자들은 데비 때문에 청소를 할 때 그녀를 무시하고 최소한의 상호작용을 유지하라는 행동계획의 지시에 따랐지만, 종사자는 데비의 반응을 다른 상황까지 일반화하여 점점 더 그녀를 무시했다. 다른 종사자 역시 똑같이 행동했고 데비는 경멸과 적대적인 분위기 속에서 살고 있었다.

나는 데비와 상담을 시작했고 고립, 소외와 버림으로 쌓여 있는 상처들을 하나씩 다루어 갔다. 데비는 가족과 종사자의 무관심에 고통을 받고 있었다. 그녀는 신체적 장애 때문에 할 수 없이 자신을 좋아하지 않는 사람들에게 육체적으로 의존하고 있었다. 데비는 무섭고 화가 났고 상처를 받았다.

몇 년 후 주버트 증후군(Joubert Syndrome) 가족이 주최하는 콘퍼런스에 참석할 수 있는 영광스러운 기회가 주어졌다. 그들의 자녀는 모두 주버트 증후군이었고, 다양한 수준의 관련된 어려움을 가지고 있었다. 그들 중 몇 명은 데비와 외형적으로 비슷했다. 나의 눈이 번쩍 뜨였다. 자료를 읽으면서 주버트의 증상에는 긴장 저하뿐만 아니라 신장 문제, 시력 및 운동 실조, 수의근 움직임을 조정할 수 없는 것이 포함된다는 사실을 발견했다. 이 주제에 대한 저명한 유전자 연구원인 말리사 파리시(Malissa Parisi)는 이 질환이 최근에 와서야 확인되었기 때문에 진단이 제대로 되지 않았다고 말했다(Parisi, 2009).

데비가 주버트 증후군을 앓고 있다는 생각이 들었다. 그녀는 근력 저하와 운동실조로 인해 방광 근육을 조절할 수 없었다. 특히 데비는 감정적으로 흥분되었을 때 평소에 하던 방식대로 침착하게 방광을 통제할 수 없었을 것이다. 종사자와의 갈등, 가족의 방치가 데비의 정서적 고통을 야기시켰고 그 후 행동관리계획의 일부였던 관심에 대한 무시는 고통을 증가시켜 방광을 통제할 수 없는 악순환을 만들었다. 데비는 일부러 소변을 보는 것이 아니라 오히려 몸 상태와 정서적인 괴로움 때문에 방광 근육을 조절할 수 없었던 것이다.

나는 몇 년 동안 데비와 만나 상담을 진행했다. 데비에게 가장 중요한 것은 우리의 관계였다. 무슨 일이 있어도 나는 매주 데비에게 갔다. 우리가 쌓은 자존감, 우리가 처리한 문제, 우리가 이야기 나눈 모든 것은 매주 나를 만나기 위한 부수적인 것이었다. 데비에게 진정으로 필요한 것은 그녀에 대한 나의 일관되고 무조건적인 애정과 관심이었고, 그것을 데비는 알았다. 데비는 내가 있을 때나 나를 만나고 난 오후와 저녁의 나머지 시간 동안 절대 소변을 보지 않았다. 데비는 분명하게 자신의 의사를 표현하고 모든 것을 공유하기 위해 열심히 노력했다. 심지어 데비는 나를 즐겁게 해 주려고 농담을 하곤 했다.

우리가 함께 한 지 몇 년 후, 데비는 새롭고 더 배려심 많은 종사자와 함께 좋은 시간을 보냈다. 그 후 그녀는 신장병으로 세상을 떠났다. 사실 신장병은 주버트 증후군을 가진 사람들에게 흔한 사망의 원인이다. 주버트 증후군을 가진 많은 사람은 투석을 받고 수명을 연장하기 위해 신장을 이식받는다. 아마도 데비가 주버트 증후군에 걸렸다는 것을 알았더라면 신장병 치료를 받을 수도 있었고 더 오래 살 수도 있었을 것이다. 부적절하게 소변을 보는 행동이 관심을 얻기 위한 의도적 행동으로 규정하는 행동관리계획이 없었다면 데비는 굴욕과 정신적인 고통을 피할 수 있었을 것이다.

스미스-마제니스 증후군

쉘리(Shelly)라는 젊은 여성이 최근에 내가 일하는 사무실에 왔다. 그녀는 문제행동으로 인해 여러 기관에서 해고되었다. 다양한 유형의 문제행동이 있었지만 가장 난처한 것은 자신의 질 안에 물건을 넣는 것이다. 쉘리는 종종 질 속에 있는 작은 머리빗, 클립, 칫솔, 마커, 크레파스 등의 물건을 제거하기 위해 응급실로 옮겨져야 했다. 그녀는 물건을 자신의 질 부위에 삽입하는 것에 집착했다. 그러한 행동에 대해 반복해서 의논하고 결국 방법을 찾았는데, 대개 주간 프로그램에 있는 여자 화장실이나 집에 있는 화장실에서 무언가를 몰래 넣는 것이었다.

쉘리는 성적 학대를 당했다고 주장했지만 어머니는 학대를 경험한 사람이 쉘리가 아니라 그녀의 여동생이라고 말했다. 그럼에도 불구하고 심리학자와 나는 쉘리의 배경에 성적 트라우마가 있고 쉘리는 더 높은 성적 자극을 요구하는 것으로 추측했다. 우리의 경험에 따르면, 이것은 어린 시절 성적 학대 경험이 있는 사람들에게서 종종 찾아볼 수 있는 일이었다.

우리는 쉘리에게 자위도구를 제공하고 혼자 있을 때 자위행위를 하도록 했다. 모든 노력과 새로 알게 된 자위행위에도 불구하고 쉘리는 계속 질에 물건을 삽입하였다. 어느 날 심리학자와 나는 여러 가지 유전 질환에 대해 의논하고 있었는데 쉘리가 스미스-마제니스 증후군(Smith-Magenis Syndrome)을 가진 사람의 얼굴 생김새와 비슷하다는 것을 깨달았다. 그것은 놀라운 발견이었다.

스미스-마제니스 증후군을 가진 사람의 행동표현형 또는 유전적 행동 경향에는 자해행동, 더 구체적으로 말하자면 '물건을 몸의 구멍에 채워 넣는 것'이 포함된다(Allanson, Greenberg, & Smith, 1999). 우리는 스미스-마제니스에 관한 여러 웹 사이트와 정보를 검토하면서 쉘리가 과잉성욕의 행동적 표현으로 그녀의 질에 물건을 채워야 하는 경향을 보이고 있다는 것을 깨달았다. 우리는 그것이 쉘리가 어린 시절 트라우마에서 자극으로 알게 된 방식으로 성적기능을 가진 의도적인 행동이라고 추측했다. 또한 흥미롭게도 치료를 진행하면서, 우리가 필요하다고 생각하는 트라우마 작업을 하는 대신 쉘리는 종사자 및 어머니와 함께 현재 상황에 초점을 맞추는 것을 더 원한다는 사실을 발견했다. 쉘리가 물건을 넣는 강박관념은 스미스-마제니스 증후군을 가진 사람의 행동 경향에 대한 설명과 완벽하게 일치하였다.

엔젤만 증후군

지적장애인과 함께하는 심리학자로 일하는 동안 특별한 행동문제에 대한 행동계획을 작성해 달라는 요청을 많이 받았다. 하지만 나는 약 5년 후, 특정한 목표행동을 다루는 계획서 작성을 거절하기 시작했다. 불이행에 대한 계획을 더 이상 작성하지 않았다. 우리 모두는 각자 다른 방식으로 규정을 준수하지 않는다. 그래서 나는 자유로운 성인을 강제적으로 준수하도록 하는 지침을 작성하지 않을 것이다. 내가 행동계획의 작성을 거절하기 시작한 또 다른 주제는 돌아다니는 것이었다. 나는 돌아다니는 것에 대해 행동계획을 요청하는 종사자가 있는 주간프로그램에서 상담을 했다. 그들이 함께 일하

고 있는 지적장애인들을 관찰한 후, 이들이 온종일 한 곳에 머물러
야 한다는 기대가 있다는 것을 알게 되었다. 나 자신도 이것은 할 수
없다. 나는 책상에서 작업할 때도 30~40분마다 일어나 움직여야 한
다. 이것은 나의 본성이다. 나는 누군가 필요할 때 스트레칭을 하는
것을 허용하지 않는 계획을 작성할 수 없었다. 프로그램에 참여한
사람들은 종종 아무것도 하지 않거나 수년 동안 격일로 했던 것과 똑
같은 학습과제를 완수하고 있었다. 나는 한계를 정해서 거부하기 시
작했다.

주간프로그램에서 '부적절한 웃음'을 없애기 위한 목표로 프로그
램을 작성해 달라는 요청을 받았다. 이것은 새로운 일이었다. 사랑
스러운 젊은 여성이 끊임없이 웃으며 '종사자를 미치게 만들었다.'
고 프로그램 관리자는 말했다. 이 문제를 해결하기 위해 행동계획을
작성하기로 되어 있었다. 일주일의 관찰을 실시한 결과, 어려움이나
불편함이 있을 때마다 메리(Mary)는 계속 웃는다는 것을 알게 되었
다. 반면 종사자들은 무시를 당한다고 느꼈다. 계획서를 쓴 후 나는
부적절한 웃음을 알아보려 도서관을 찾아갔는데, 그곳에서 엔젤만
증후군(Angelman Syndrome)에 대한 참고자료를 찾았다. 메리는 넓은
얼굴과 작고 넓은 눈 그리고 커다란 미소를 가진 엔젤만 증후군의 생
김새와 일치했다. 메리는 이 증후군을 가진 전형적인 사람들처럼 말
하는 것은 아니었지만 그녀의 생김새로 모든 것을 이해할 수 있었고,
엔젤만 증후군이라는 것을 알게 되었다. 과도한 웃음은 엔젤만 증후
군을 가진 사람의 행동표현형의 일부이기 때문에, 메리는 많은 시간
을 웃으며 보내게 된 것이다(Williams, 2010).

이후에 나는 말을 하지 않고 항상 웃기만 하는 10대 아들을 평가해
달라는 부모를 만난 적이 있다. 그의 양부모는 아들의 웃음과 비협

조적인 태도 때문에 그가 반항적이고 무례하다고 인식하고 있었다. 이번에는 바로 엔젤만 증후군의 얼굴 특징을 인지할 수 있었다. 나는 아들이 고의적으로 무례한 행동을 하는 것이 아니고, 엔젤만의 특성으로 자신의 본능을 표현하는 것이라고 부모를 안심시킬 수 있었다. 웃음을 줄이기 위해 중재를 하는 것보다 오히려 그러한 확신을 줄 수 있어서 기뻤다.

취약 X 증후군

나는 취약 X 증후군(fragile X)을 가진 남자와 작업하는 것이 익숙하다. 이 유전장애는 X 염색체의 끝 부분이 부러져 나타난다. 남성의 경우 X 염색체가 하나만 있기 때문에 그 염색체에 유전적 결함이나 돌연변이가 있다면 발생 가능성이 더 높다. 여성의 경우 X 염색체가 2개가 있기 때문에 한 염색체의 돌연변이가 다른 염색체에 의해 가려질 가능성이 높다. 적어도 이것은 내가 만든 가정이었다. 나는 취약 X 증후군에 대한 문헌을 충분히 연구하지 못했기 때문에 빈도가 낮긴 하지만 여성에게도 발생한다는 사실을 깨닫지 못했다.

캔디(Candy)는 다른 사람에게 언어적, 신체적으로 공격행동을 하는 것 때문에 매우 체계적인 행동계획이 적용되었다. 내가 그녀와 함께 일하기 시작했을 때, 캔디는 서너 번 중 한 번꼴로 내게 욕을 하는 것을 즐겼다. 행동계획은 캔디가 언어적으로 공격성을 보이면 종사자들은 이 행동을 무시하고 자리를 떠나는 것이었다. 그녀가 신체적인 공격을 할 때 종사자들은 단호하게 한계를 정해서 엄하게 질책한 다음 모든 관심을 거두어야 했다. 내가 승인한 행동계획은 언어적,

신체적 공격성이 관심을 끌기 위한 기능이라고 해석했고 이것이 캔디의 동기라 가정하고 작성된 것이다.

나는 자녀와 함께 출근하는 날에 아들을 데리고 직장에 갔다. 캔디는 매우 화가 나 있었고 나는 금방 알아차렸다. 나는 생각하기 시작했다. 캔디가 나에게 화가 났던 날은 대개 직장에 낯선 사람들이 있거나 그들과 함께 어디론가 갔을 때였다. 지금 캔디는 내 아들에게 화가 나 있었다. 캔디는 나에게 왜 '그 아이'가 여기에 있냐고 물었고, 내가 그녀에게 상황을 설명하자 "당신과 상담은 이제 끝이에요." 라고 대답했다.

또 다른 사건으로 나는 캔디에게 봉사하는 사람들을 위해 매년 개최하는 연회에 참석할 것을 요청했다. 그녀는 내 남편과 같은 테이블에 앉았는데, 그곳에 모인 사람들에게 화가 났고 결국 같은 분야에서 일을 하는 사람이 아닌 내 남편을 때려 깜짝 놀라게 만드는 일이 있었다. 내 동료는 캔디가 질투를 해서 그런 것 같다고 얘기했지만, 캔디는 관련이 없는 다른 몇몇 사람들도 때렸기 때문에 그것은 충분한 이유가 아니었다. 아무도 행동계획에 따라 무시할 수 없었다. 대신 우리는 그녀가 그 자리를 떠나도록 도왔다. 캔디는 떠나자마자 마음이 가라앉았다. 캔디는 연회에 가야 하는 것을 불평했다.

몇 주 후, 나는 취약 X 증후군을 가진 사람에 대해 발표를 한 친구와 함께 일을 했다. 우리는 웹사이트(http://www.fragilex.org/)에서 30세 정도의 젊은 여성의 사진을 보았는데 캔디의 모습과 너무나 빼닮았다. 나는 충격을 받았다. 모든 것이 이해되었고 캔디의 언어적, 신체적 공격성이 완전히 설명되는 순간이었다. 그것은 고의적이고 적대적인 것이 아니었다. 비록 무례한 표현이긴 하지만 불안감을 표현한 것이었다. 사회적 불안은 특히 새로운 사람에게 노출되거나 혼잡한 상황에서 취약 X 증후군을 가진 사람들에게 나타나는 주요한 특성이다(Fraxa, 2010). 캔디는 새로운 사람에게 노출될 때마다 언어적 또는 신체적인 공격성을 보였다. 그녀는 불안감이 높아져 몹시 화가 난 것이다. 이것은 취약 X 증후군을 가진 남성들에게서 볼 수 있는 반응 유형이다. 우리는 취약 X 증후군을 가진 개인이 안전하다고 느끼고, 혼잡하거나 사회적으로 불편한 상황을 피할 수 있도록 지원했다. 그러나 나는 그러한 사실을 캔디와 연결시키지 못했다. 대신 캔디가 지원과 보호를 가장 필요로 할 때 실제로 그녀가 편안함을 느꼈던 사람들로부터 관심을 거두도록 강요하는 계획을 시행했던 것이다. 캔디가 사회적 불안을 느꼈을 때 우리는 그녀를 지원하고 잘 모르는 사람이나 무리로부터 데리고 나와 스스로를 진정시키도록 도왔어야 하는데 그렇게 하지 못했다. 대신 우리는 원래의 계획을 계속 유지하고 그녀가 극도로 불안해서 폭발한 후에는 오히려 관심을 거두었다. 그 행동계획 때문에 우리는 캔디의 불안 관리를 돕고 그녀가 어려운 상황에서 스스로를 달래고 제어하도록 가르칠 기회를 놓쳤다.

아이러니하게도 내 동료가 발표했던 내용에는 정확히 그러한 프로토콜이 제시되어 있다. 취약 X 증후군을 가진 남성이 자신의 사회적 불안감을 관리할 수 있도록 돕는 데 매우 성공적이었으며, 심지어 그는 점심시간에 정기적으로 맥도날드에 가서 많은 사람 속에서도 스스로 불안을 감소시키는 방법을 배울 수 있었다. 그 순간에 정서적 지지는 그가 어려운 상황에서 불안감을 이겨내는 데 도움이 되었을 것이다. 만약 내가 캔디의 유전적 상태를 정확하게 진단했다면, 캔디의 상태를 악화시키지 않고 그녀가 불안을 잘 관리하도록 도와주었을 것이다.

요약

여러분도 짐작했듯이 나의 최악의 실수로부터 가장 많은 것을 배웠다. 나는 계속해서 더 깊이 들여다보는 법을 배웠다. 즉각적인 행동을 넘어서 겉으로 드러나는 행동의 기능 뒤에 숨겨진 그 사람 자체를 들여다보는 것이다. 많은 경우 유전장애가 있는데 이는 개인이 특정 행동을 강박적으로 수행하거나 특정한 감정적 반응을 내도록 자극하는 행동표현형을 동반한다. 만약 우리가 그러한 행동을 수정하고 고의적이고 조작적인 것으로 바라본다면 그 사람으로 하여금 자신의 고유한 성향을 스스로 관리하고 대처하는 법을 배우도록 도울 수 없다. 우리는 나무를 보느라 숲을 놓치고 심지어 나뭇잎을 보느라 나무도 놓치고 있다. 증후군의 발현에 너무 집중하면 증후군 자체를 볼 수 없다. 사람들의 행동을 변화시키고 통제하는 데 너무 집중하다 보면 그들이 누구인지에 대한 본질을 놓치게 된다.

참고문헌

Allanson, J. E., Greenberg, F., & Smith, A. C. (1999). The face of Smith–Magenis syndrome: A subjective and objective study. *Journal of Medical Genetics, 36*, 394–397.

Fletcher, R., Loschen, E., Stavrakaki, C., & First, M. (Eds.). (2007). *DM-ID: A textbook of diagnosis of mental disorders in persons with intellectual disability.* Kingston, NY: NADD Press.

Parisi, M. A. (2009). Clinical and molecular features of Joubert syndrome and related disorders. *American Journal of Medical Genetics. Part C: Seminars in Medical Genetics, 15,* 326-340.

Williams, C. A. (2010). The behavioral phenotype of the Angelman syndrome. *American Journal of Medical Genetics, 154C,* 432-437.

5

위험한 환경의 아이가
성인이 되다

출생

1986년 볼티모어. 버려진 집 안에는 다섯 명이 옹기종기 모여 있었다. 그들은 마지막으로 남은 돈으로 코카인을 사서 피우고 있었다. 늦은 가을, 얇은 옷을 입은 배가 나온 한 여성이 있다. 그녀는 임산부였다. 또 다른 여자는 청바지 아래가 볼록하다. 그녀 또한 임신 3개월이었다. 그들은 파이프 주위에 옹기종기 모여 있고 한 명의 또 다른 여자와 두 명의 남자가 모두 낡은 옷을 입고 있다. 한 아이가 뒤에서 울고 있었다. 하지만 아기가 계속 울어도 아무도 신경을 쓰지 않았다.

이것은 흡연 형태의 강력한 코카인이 유행하던 1980년대 흔한 도시의 장면이다(Anderson, 1999). 사람들은 버려진 집에서 아이들을 키우고 코카인 중독 가정에서 약물에 취해 살았다. 자녀부양 가정지원(Aid to Families with Dependent Children)은 당시 시행된 복지제도로 자녀의 수에 따라 어머니들에게 지원금을 주었다. 코카인에 중독되어 돈이 필요한 어머니들은 아이를 낳아 정부로부터 재정적 지원을 받을 수 있었다. 이 보조금은 직장에서 일하고 받는 초봉보다 약간 더 많은 돈이었다. 당시에는 직업훈련이나 대학에 다니는 사람들에 대한 재정지원은 없었다.

1980년대 중반 나는 볼티모어시 중심에 있는 보호소에서 일했다. 그곳은 주로 여성과 아이들을 위한 쉼터였는데, 어린아이가 마약에 중독된 엄마와 함께 줄지어 들어왔다. 우리는 아동 학대의 징후를 설명하면서 아동 보호 서비스를 몇 번이고 요청했다. 하지만 기관에서 일하는 종사자는 명백한 학대 증거를 직접 목격하지 않는 한 아이를 데려갈 수 없었다. 집이 없는 아이들이 마약에 중독된 엄마와 함께 오고 가는 모습을 지켜봤고, 그들은 중독을 부인하고 아이들을 짐처럼 대하거나 불쾌한 애완동물을 대하듯 다루었다. 이것은 나에게 매우 끔찍한 시간이었다. 그러나 몇 년 후 나는 성인이 된 이 아이들을 만나게 되었다.

발달지체

태내에서 코카인에 노출되었다가 태어난 아기는 이로 인한 발달지체가 나타나지 않는 것으로 추정되었다. 연구 결과, 태내에서 코카인에 노출되었던 유아나 미취학 아동들과 그렇지 않았던 그룹 간에 IQ 점수는 차이가 없었다. 한 연구는 24개월에 베일리 발달척도를 사용하여 측정했을 때 태내에서 코카인에 노출된 경우와 그렇지 않은 아동 사이에 IQ 점수에 차이가 없음을 발견했다(Frank, Augustyn, Knight, Pell, & Zukerman, 2001).

6세 이하의 어린이를 대상으로 한 모든 연구를 검토한 결과, 태내에서 코카인에 노출된 어린이와 그렇지 않은 어린이 간에 유의미한 인지적 차이가 발견되지 않았다. 이 검토에는 교사 및 학부모 행동 보고서, 베일리 척도 점수, 관찰 보고서 등이 포함되었다. 연구자들은 다음과 같이 결론을 내렸다.

> 6세 이하의 어린이들 사이에 태내 코카인 노출이 발달지체를 일으키는 유해한 요인과 후유증, 심각도, 범위 또는 종류에 관련이 있다는 설득력 있는 증거는 없다. 한때 자궁 내 코카인의 노출로 비롯되었다고 보았던 많은 증상은 코카인이 아니라 담배, 마리화나나 술과 같은 다른 요인과 관련이 있었다(Frank et al., 2001, p. 1613).

수년 동안 이것은 임상의와 연구자들 사이에서 인정되었다. 태내에서 코카인에 중독된 상태로 태어났을 수도 있는 아이들은 이로 인해 심각한 발달지체를 나타내지 않았다. 종종 발달지체는 환경과 술, 기타 독성 물질에 대한 노출로 더 많이 발생한다고 가정했다. 소두, 저체중 출생과 같은 작은 차이는 대체로 심각하지 않은 현상으로 간주되었으며 발달과정에서 해결되었다(Chasnoff, Griffith, Freier, & Murray, 1992).

그러나 이러한 연구에서 아동의 IQ를 측정하고 유아의 발달을 평가하는 데 사용된 베일리 유아 발달척도의 타당성이 그 이후에 해크 등(Hack et al., 2005)에 의해 문제시되고 있다는 것을 주목해야 한다. 그들은 인지기능에 대한 베일리 유아 발달척도가 예측 타당성이 낮다고 결론지었다. 즉, 발달지체가 거의 또는 전혀 나타나지 않았다고 확인된 점수는 아이가 조금 더 성장한 뒤 측정한 검사에서 검증되지 않았다. 2세나 3세 때 발달지체를 보이지 않은 아동들이 8세나 9세 이후에 보일 수 있다. 예측 타당성 점수는 아동들의 미래에 상당한 발달지체가 없을 것이라고 추정할 만큼 충분히 강력하지 않았다.

최근의 연구들은 코카인을 피우는 어머니의 자궁에서 자란 아이가 코카인에 노출되어 발달지체를 유발한다는 것을 보여 준다. 베넷, 벤더스키 및 루이스(Bennett, Bendersky, & Lewis, 2008)는 코카인에 노출된 4, 6, 9세의 아동과 노출되지 않은 아동에 대한 광범위한 연구를 수행했으며 '코카인이 아동을 사춘기 이전까지 경미한 인지적 결함의 위험에 계속해서 노출시킨다.'고 결론지었다(p. 919). 특히 남학생이 여학생들보다 더 많은 손상이 있다는 것에 주목했고, 손상 부위는 추상적 추론, 시각적 추론, 언어적 추론, 단기기억 등이다.

포터, 젤라조, 스택과 파파게오르기우(Potter, Zelazo, Stack, & Papageorgiou, 2000)는 태내에서 코카인에 노출된 아동의 청각적 정보처리 능력이 상당히 손상되어 있음을 발견했다. 이것은 치리보가(Chiriboga, 1998)가 이전 문헌을 검토하면서 코카인에 노출되지 않은 아동에게 나타나지 않는 요인 즉, 태내에서 코카인에 노출되었던 아동에게만 나타나는 부주의가 공통된 요인임을 발견하였다.

바릭(Barik, 2007)은 코카인에 노출된 아동에게서 발견되는 심장질환의 발생률이 현저하게 높은 이유에 대해 보고했다. 더욱이 이러한 심장질환은 나이가 들면서 더 악화될 가능성이 높다. 다음에서는 지적장애인에게 미치는 영향을 탐색하기 위해 이 아동 중 일부 사례를 설명하고자 한다.

태아기 코카인의 노출 영향

 에린

　1장에서 코카인에 중독되어 태어나 어머니와 함께 어린 시절 노숙생활을 했던 젊은 여성 칼리(Kali)에 대해 이야기했다. 칼리는 산전 코카인 노출로 인해 많은 정서적, 심리적 어려움을 겪었다. 하지만 칼리를 만나기 전에 에린(Erin)을 만났었다. 에린의 기록에는 그녀의 어머니가 임신 중에 코카인을 남용했다고 적혀 있었다. 에린은 자신이 원하는 일이 일어나지 않는 한 아름답고 영리하고 유쾌한 젊은 여성이었다. 에린은 도망가서 누군가가 그녀를 발견하기 전까지 수 마일을 떠돌아다녔다. 또 에린은 차에서 뛰어내리거나 차량 속으로 뛰어들곤 했다. 에린은 우리 모두를 걱정시켰고 아무도 그녀의 다음 행동을 예상하거나 이해할 수 없었다. 에린은 사랑스럽고, 다정하고, 친절했지만, 머릿속으로 생각한 대로 그냥 달렸다. 그녀를 위해 우리가 했던 행동계획은 한 자리에 머물러 있으면 모든 종류의 보상을 제공하는 것이었다. 에린은 액세서리, 옷, 신발과 같은 그녀가 좋아하는 것을 사기 위해 쇼핑을 포함한 모든 것을 할 수 있었다. 그러나 여전히 에린은 보상과 상관없이 도망쳤다. 만약, 누군가가 에린에게 무례하거나 무관심했다면 그녀는 먼저 그들을 살짝 때린 다음 도망칠지도 모른다. 에린은 모든 사람에게서 벗어날 수 있었다.

　에린은 매우 똑똑했다. 그녀는 지역사회에서 직업을 얻기 위해 필요한 기술을 배울 수 있는 것처럼 보였다. 종사자는 그녀와 함께 일하려고 시도했다. 하지만 그녀는 30초 이상 집중할 수 없었다. 에린은 하나의 주제에 대해 이야기를 하고 30초 후에 상대방이 방금 꺼낸 주제에 대해 응답하기 시작할 땐 전혀 다른 것에 대해 이야기를 했다. 종사자는 매우 영리한 이 젊은 여성을 가르칠 수 없었다. 그들은 에린이 똑똑하다는 것을 알고 '더 잘 안다'고 믿었기 때문에 그녀가 '비협조적'이고 '불순응적'이라고 불평했다. 돌이켜 보면 종사자들의 실망감이 나타나기 시작했을 때 에린은 도망을 간 것 같다. 언니는 같이 살고 있지만 에린은 머물 수 없다는 말을 들었던 어머니의 집으로 종종 돌아가려고 시도했다. 에린은 마침내 우리를 떠났고 다른 지역기관으로 여기저기 옮겨 다녔다. 어떤 경우는 그녀가 내보내졌고 또 다른 때는 그녀가 스스로 나왔다. 에린은 항상 집으로 돌아가려고 하는 것처럼 보였다.

🎙 쉬나

쉬나(Sheena)의 어머니는 쉬나를 임신했을 때 코카인을 피웠을 뿐만 아니라 담배도 피웠고 지금도 여전히 피우고 있다. 쉬나는 위탁가정과 그룹홈을 오갔다. 쉬나가 집에 있을 때 그녀의 어머니는 마약을 살 돈을 받는 대가로 가끔 집을 드나드는 남자와 성관계를 갖도록 강요했다. 또 쉬나는 어머니의 남자친구 여러 명에게 성추행과 강간을 당했다. 내가 일하는 지역사회기관에 쉬나가 왔을 때 그녀는 1년 넘게 보호시설에 있었다. 쉬나는 한 달 만에 창문에서 뛰어내려 수년 전부터 알고 지내던 최근에 감옥에서 출소한 청년이 대기하던 차로 도망갔다. 쉬나는 다음날 다시 돌아왔고 이틀 후에 다시 도망갔다. 이번에는 출구를 막으려던 종사자를 공격해 다치게 한 뒤 나갔다.

우리는 종사자에게 그녀를 막으려는 노력을 중단하라고 말할 수밖에 없었다. 왜냐하면 신체적 압박을 가하지 않으면서 쉬나와 종사자가 더 이상 부상을 입지 않도록 하기 위해 최선을 다했기 때문이다. 쉬나는 남자를 바꿔 가며 기관에 드나드는 동시에 기관 내에 봉사하는 청년과 약혼을 했다. 예상대로 그것은 격동적인 관계였다. 쉬나는 에린처럼 똑똑했지만 업무 상황에 대한 새로운 기술을 습득할 만큼 오랫동안 어떤 것에 집중할 수 없었다. 일할 의욕 역시 별로 없었다. 그녀는 자신에게 필요한 것을 얻을 수 있는 방법을 찾았다.

쉬나는 자신의 행동을 통제하기 위해 전통적인 방법을 사용하는 종사자들과 많은 갈등을 겪었다. 그녀의 행동계획이 변경되어 비전통적인 방법만 사용되기도 했지만 일부 종사자는 여전히 처벌과 보상을 통해 행동을 통제하려고 노력했다. 이것은 쉬나를 화나게 했을 뿐만 아니라 끊임없이 종사자와 충돌하도록 자극했다. 또한 칼리와 마찬가지로 전통적인 보상을 거의 받기 직전에 그녀는 스스로가 어떻게든 자신의 성공을 망쳐 버렸다. 이것은 가정 내 종사자들에게 쉬나가 보상을 받을 필요 없고, 그녀의 삶에서 자연적인 결과에만 근거하는 비우발적인 기준으로 긍정적인 결과를 얻어야 한다고 설득할 때까지 몇 번이고 반복되었다. 이러한 접근이 수행될수록 쉬나는 종사자와 힘겨루기를 하지 않았고 자기 자신을 파괴하는 일도 멈췄다.

쉬나와 에린은 둘 다 약물치료에 반응하지 않는 심각한 형태의 주의력결핍장애(ADD)를 보였다. 또한 그들은 충동조절에 어려움을 보였다. 둘 다 엄청난 양의 약을 복용하고 있었지만 어떤 정신과 의사도 약을 줄이는 실험을 하고 싶지 않았기 때문에 충동에 대한 약물의 효과를 특정하기가 어려웠다. 사소한 조절만이 기대할 수 있는 최대

치였다. 그러나 내가 관찰하기 시작한 이 패턴은 심각한 주의력결핍 장애, 충동조절 문제와 단기기억장애로 판명된 실행기능의 손상된 패턴으로, 태내에서 코카인 중독으로 손상을 입은 젊은 성인들을 더 많이 접하게 되면서 알게 된 것이었다.

존

이 무렵 한 청년이 왔다. 존(John)의 어머니는 임신 중에 심각한 코카인 관련 문제를 가졌고, 코카인을 남용했다고 시인했다. 그녀는 그 후 치료를 받았고 지금은 매우 잘 지내고 있다. 그녀는 아들에게 헌신적으로 대했고 존을 자주 집으로 데려갔다. 존은 심각한 지적장애를 갖고 있었고 발작장애도 가지고 있었다. 그의 충동조절장애는 너무 심해서 화가 나면 움직이는 차에서 뛰어내리고, 숙소와 주간 프로그램 기관에서 종사자를 공격하고 때로는 중상을 입힐 정도였다. 존은 우리가 앞서 살펴 본 사례의 사람들보다 더 많은 장애를 갖고 있었다. 존은 때때로 자신이 슈퍼 히어로라고 믿었고 가장 좋아하는 캐릭터의 역할을 연기했다. 그의 행동은 핀볼 테이블 안의 핀볼과 흡사했다. 존은 전통적인 행동치료 프로그램에 반응하지 않았으며 어떤 보상이 제시되어도 집중하지 못했다. 조금만 견디면 보상을 얻을 수 있는데도 불구하고 그 사실을 잊고 다음 자극으로 넘어가곤 했다. 쉽게 방향을 바꾸었고 욕망이 좌절되면 순식간에 폭발하였다.

코카인이 존의 전두엽을 손상시켜 실행기능에 영향을 미친 것으로 보였다. 존은 충동에 대한 필터가 없었다. 말과 행동이 앞서서 튀어나왔다. 게다가 아무리 작든 크든 거의 같은 방식으로 모든 자극에 반응했다.

존을 위한 행동계획은 행동을 유발하는 것으로 생각되는 자극(존이 좋아하는 TV프로그램과 해당 프로그램과 관련된 장난감)을 제거하는 것이었다. 그 결과 존과 종사자 사이에 장기간의 힘겨루기가 있었다. 존은 여전히 TV에서 가장 좋아하는 액션 피규어를 그리고, 이야기하고 가지고 놀 방법을 찾았다. 종사자들이 장난감이나 사진을 없애려고 할 때 존은 화가 나서 종사자를 공격하곤 했다.

행동계획은 악순환과 힘겨루기만 야기시켰을 뿐이다. 종사자들은 마침내 포기하였고 존이 놀이에 지나치게 흥분했을 때만 환기를 시키기 위해 장난감을 돌려주며 즐기게 했다. 종사자들이 더 이상 자신을 제한하고 통제하려 하지 않는다는 것을 깨달았을 때 존은 마음을 진정시키고 실제로 훨씬 더 협조적이게 되었다. 충동조절의 문제를 가지는 사람과 불이행을 목표로 하는 행동계획은 종종 그들을 더 좌절시키고 실제로 경험한 좌절의 정도만큼 불이행은 더 증가했다.

종사자들이 스스로 계획을 변경하여 그 계획을 작성한 심리학자를 설득한 것은 훌륭한 일이었다. 나는 이것을 하는 데 성공하지 못했다. 몇 달 전, 존은 안타깝게도 심한 발작 중 질식으로 인해 사망했다. 장례식에서 우리는 그의 삶에 감동을 받은 교회와 가족을 보고 놀랐다. 많은 사람이 존의 사랑에 대해 이야기했다. 존의 부정적인 행동에 그다지 신경 쓰지 않았던 사람들은 존을 진정으로 멋진 사람으로 알고 관계를 맺고 있었다.

태아기 알코올과 코카인의 중복 노출 영향

🎤 리사

임신 중에 코카인을 피우는 여성들은 술도 마시는 경우가 많다. 강력한 코카인과 술의 조합은 독특한 특성을 만들어낸다. 리사(Lisa) 가 그런 경우 중 하나였다. 그녀는 아주 어린 나이에 두 명의 훌륭하고 매우 자상한 부모에게 입양되었다. 하지만 12세가 되었을 때 그녀는 통제 불능이 되었다. 14세에 리사는 반복적으로 어머니를 공격한 후 주거시설에 가게 되었다. 차분하고 양육적인 환경에도 불구하고 리사는 많은 행동문제를 갖고 있었다. 리사가 우리 기관에 왔을 때 20대 중반이었고 이전의 모든 배치에서 실패했다.

리사는 자신의 행동에 대해 책임을 질 수 없었다. 리사가 무슨 말을 했든 어떤 행동을 했든지 상관없이 그녀가 어떻게 현재의 상태가 되었는지 알 수 없었다. 대신, 리사는 자신이 피해자이거나 무고한 사람이라고 확신했다. 그것은 알코올에 의해 생성된 원인과 결과 사이의 누락된 신경학적 손상이었다. 또한 그녀는 자신의 충동을 조절하는 데 어려움을 겪었다. 일단 생각이 나면 리사는 행동으로 옮겨야 했다. 그 결과 하루에 두 갑의 담배를 피웠고 몸무게도 거의 180kg이나 나갔다. 먹거나 마시는 충동 때문에 자제력을 잃었지만, 자신의 행동이 체중 증가와 직접적으로 어떤 관련이 있는지는 알지 못했다. 충동적으로 행동하지 않도록 돕기에는 체중 감량을 위한 보상이 너무 긴 시간이었다. 물론 처벌을 받거나 보상을 잃는 것은 리사를 화나게 했고, 화를 내면 부정적인 충동에 따라 행동했고 때로는 공격적이게 되었다.

리사는 끊기 힘든 악순환을 반복하고 있었다. 그녀의 또 다른 충동은 관심이 넘치고 식사와 간식이 끊임없이 나오는 병원으로 가는 것이었다. 무언가 하는 방법을 알아내는 뇌의 기능은 문제가 없었다. 리사는 자해를 하고 싶다고 911에 전화해서 어떻게 말을 할지 잘 알고 있었다. 관심 또는 음식, 혹은 둘 다를 박탈당했다고 느낄 때마다 911에 전화를 하는 것은 그녀의 첫 번째 충동이었다. 벌로 한 달 동안 휴대전화를 압수당하자 그녀는 이웃의 휴대전화를 빌리는 등 전화를 걸 수 있는 새로운 방법을 발견했다. 병원에 가지 않는 것에 대한 보상은 음식과 관심이 있는 병원에 가고 싶어 하는 그녀의 충동과 경쟁할 수밖에 없었다.

리사가 격주로 병원을 방문하는 패턴을 깬 유일한 중재는 리사가 의미 있는 일자리를 찾는 것이었다. 그녀는 직장에서 자신보다 심각한 지적장애가 있는 사람을 돕는 일을 하면서 의미를 발견했다.

이것은 위에서 주어진 보상이 아니다. 대신 진정으로 도움이 되고 꼭 필요했던 역할을 리사가 수행했기 때문에 얻어진 보상이었다. 리사는 병원에 가는 것을 완전히 멈추진 않았지만 한 달에 몇 번이 아니라 일 년에 몇 번 가는 정도로 크게 줄었다. 행동계획은 효과가 없었다. 리사가 즐기고 심지어 관심을 갖는 활동과 물건에 대한 보상은 많이 부족했다. 그녀가 실제로 매일 다른 사람에게 도움을 주고 진정으로 필요한 역할을 할 수 있는 것만으로 충분했다. 이런 목적의식과 중요성이 리사에게 도움이 된 것이다. 리사는 직장에서 사람들을 돕는 일로 바쁘게 지냈기 때문에 무엇을 먹거나 담배를 피우는 행동이 자연스럽게 줄어들었다. 선순환이 시작된 것이다.

🎙 앤서니

앤서니(Anthony) 또한 태내에서 코카인과 알코올의 혼합물에 노출되었던 사례를 보여준다. 앤서니는 태아 알코올 증후군(Fetal Alcohol Syndrome: FAS)을 가진 사람의 얼굴 생김새를 가졌고 실제로 그의 어머니는 임신 중에 술을 마신 사실을 보고했다. 앤서니는 심한 충동 조절 문제를 갖고 있었고 한 가지 자극에 집중하거나 참여할 수 없었다. 앤서니와 함께 일했던 당시 나는 그의 전체적인 특성을 이해하지 못했다. 나는 그가 자신도 느끼지 못하는 머리 부상을 입었을지도 모른다고 생각하고 사고와 낙상 등에 대해 물었다. 그 당시 나는 태아 코카인 노출이 미치는 영향력을 완전히 깨닫지 못했었다.

앤서니는 지적장애가 있었다. 또한 범죄 전과도 갖고 있었다. 물건을 상습적으로 훔쳤는데, 충동적으로 훔쳤고 결코 계획적으로 절도를 하지 않았다. 앤서니는 자신의 의도가 좌절될 때 공격적이곤 했다. 1분은 즐겁고 다음 순간에는 완전히 격분했다. 앤서니가 나타내는 모습은 뇌 손상을 입은 사람과 너무 흡사해서 나는 그가 머리를 다치지 않았다고 확신할 수가 없었다. 직업 프로그램에서 종사자는 그에게 새로운 기술을 가르치려고 했다. 그는 반복적인 일은 잘할 수는 있었다. 하지만 더 높은 수준의 기술을 배울 수 있을 만큼 집중할 수 없었다. 충동적인 절도와 공격행동 외에도 앤서니는 잡혔을 때 결코 자신의 죄를 인정하지 않았다. 어떻게 그런 행동을 저지를 수밖에 없었는지에 대한 긴 변명이 항상 있었다. 그는 심지어 강간에 대해서도 그런 식으로 변명하려고 했다. 불행히도 그는 현재 수감되어 있다.

돌이켜 보면, 태아 알코올 증후군으로 인한 앤서니의 인지손상은 자신의 행동에 전적인 책임을 질 수 없게 만드는 원인이었고, 태내 코카인 노출로 인한 충동조절의 어려움은 자신의 행동에 대한 반성을 하지 못하게 만들었다. 종종 충동적인 행동의 결과는 다른 사람의 권리를 침해했다. 결국 앤서니는 코카인 노출의 결과로 새로운 운영방법과 기술을 배울 만큼 충분히 참여할 수 없었다. 부모도 교도소를 들락거리며 앤서니를 양육했다. 그에게 제공되는 서비스와 상관없이 여전히 형사 사법제도에 따라 오랫동안 수감될 것이다.

슬프게도 현재 수감되어 있는 많은 사람이 태아기에 술과 마약에 노출되어 있었다는 것을 알 수 있다. 충동조절 및 주의력 결핍과 함께 원인과 결과를 처리하는 능력의 부족은 범죄 활동의 발판이 되기도 하는데, 특히 개인이 자라는 동안 그러한 활동에 노출되었다면 더욱 그렇다. 악순환은 계속 이어지는 것이다.

앤서니는 공격과 절도에 대한 행동계획을 갖고 있었다. 이것은 환경을 통제하는 데 약간의 도움이 되었다. 앤서니는 보상받기 위해 의지와 집중력을 유지할 수 있었다. 지갑과 같은 유혹이 있을 때 그는 저항할 수 없었다. 실행기능에 어려움이 있었기 때문에 결정적인 순간에 훔치지 않으면 얻을 수 있는 보상을 생각하지 않았다. 또한 누군가가 그를 화나게 하거나 종사자가 다른 곳으로 보내거나 차단하려고 할 때, 그 사람을 공격하게 되면 발생하는 결과에 대해 생각하지 않았다. 앤서니의 뇌는 범죄행위를 피하는 것이 어렵도록 손상되어 있었다. 앤서니는 그의 행동에 대해 책임을 지는 방법을 알지 못했다. 알코올과 코카인의 복합 손상으로 뇌에 가해진 손상은 그의 부정적인 충동에 영향을 미쳤다.

만약 앤서니가 지금의 나에게 보살핌을 받았다면 그의 인생에서 그가 할 수 있는 의미 있는 역할을 찾기 위해 나는 열심히 노력했을 것이다. 여자친구, 직업, 가정에서의 역할 등 앤서니의 충동을 조절하고 목적의식과 소속감을 줄 수 있는 어떤 것이든 찾아봤을 것이다. 다른 보상과 후속결과를 가지고 정교한 계획을 만들기보다는 앤서니가 완전히 다른 시각으로 자신을 볼 수 있는 의미 있는 역할을 찾는 데 초점을 맞출 것이다. 이러한 방법으로 순간순간 발생하는 충동을 따르기보다는 자신에 대한 통찰력을 끌어올림으로써 행동을 변화시켰을지도 모른다. 앤서니는 점점 더 많은 불법 행위를 저지르면서 자신의 행동이 어떻게 이러한 일을 만들어 냈는지, 어떻게 해결할 수 있는지에 대한 이해는 없었지만 자신을 범죄자로 보는 시각은 확고해졌다.

요약

13세기 일본의 불교 스승인 니치렌 다이쇼닌(Nichiren Daishonin)은 '병을 원인도 모른 채 치료하려고 하면 이전보다 더 아프게 할 뿐'이라고 말한 적이 있다(p. 774). 이것이 장애인과 함께 하는 심리학자로서 우리가 노력해 온 것이다. 우리는 행동원칙을 본질적으로 행동이 아니라 문제에 적용한다. 우리는 치료보다는 당근과 채찍으로 뇌 손상을 치료한다. 그러나 더 중요한 것은 개인이 손상된 뇌를 보완하는 방법을 배울 수 있도록 대처 전략을 가르치는 것이다. 그들이 사회에서 의미 있는 역할을 찾고, 그들이 속한 사회에서 자리를 찾을 수 있도록 도와야 한다. 스스로 자신을 가치 있는 존재로 보고 자신의 삶을 의미 있는 존재로 볼 수 있도록 도와야 한다. 마지막으로 우리 자신도 그들을 가치 있게 가르치기 위해 소중하게 여겨야 한다.

만약 그러한 행동을 하는 그 사람 자체, 이면에 있는 그 사람의 상처 받은 마음을 본다면 우리는 이 사람들이 세상에서 의미 있는 역할을 찾도록 돕는 데 필요한 통찰력을 가질 수 있다. 모든 것은 우리로부 터 시작된다.

참고문헌

Anderson, E. (1999). *Code of the street*. New York: W. W. Norton.

Barik, S. (2007). The thrill can kill: Murder by methylation. *Molecular Pharmacology, 71*, 1203-1205.

Bennett, D. S., Bendersky, M., & Lewis, M. (2008). Children's cognitive ability from 4 to 9 years old as a function of prenatal cocaine exposure, environmental risk, and maternal verbal intelligence. *Developmental Psychology, 44*, 919-928.

Chasnoff, I. S., Griffith, D. R., Freier, C., & Murray, J. (1992). Cocaine/ polydrug use in pregnancy: Two-year follow-up. *Pediatrics, 89*, 284-289.

Chiriboga, C. A. (1998). Neurobiological correlates of fetal cocaine exposure. *Annals of the New York Academy of Sciences, 846*, 109-125.

Daishonin, N. (1999). *Major writings of Nichiren Daishonin* (Compilation). Tokyo: Nichiren Shoshu International Center. (Original work published in 13th century)

Frank, D. A., Augustyn, M., Knight, W. G., Pell, T., & Zukerman, B. (2001). Growth, development, and behavior in early childhood following prenatal cocaine exposure: A systematic review. *Journal of the American Medical Association, 285*, 1613-1625.

Hack, M., Taylor, H. G., Drotar, D., Schluchter, M., Cartar, L., Wilson-Costello, D., & Morrow, M. (2005). Poor predictive validity of the Bayley Scales of Infant Development for cognitive function of extremely low birth weight children at school age. *Pediatrics, 116*, 333–341.

Potter, S. M., Zelazo, P. R., Stack, D. M., & Papageorgiou, A. N. (2000). Adverse effects of fetal cocaine exposure on neonatal auditory information processing. *Pediatrics, 105*, 40.

6

트라우마에 대해
제대로 알자

지적장애 분야 현장에서 심리적 지원을 실시해 온 25년 동안, 행동문제의 약 90%가 실제로는 트라우마 기반의 반응이라고 확신하게 되었다. 나머지 10% 중 5% 정도는 중증의 정신장애이며, 그 나머지 5%만이 개인이 학습된 반응을 하도록 설계된 미국행동협회(American Behavioral Association)의 모델에 해당하는 행동문제였다.

그 이유는 무엇일까? 지적장애를 가진 사람들의 삶에는 트라우마가 만연하기 때문이다. 유치원에 간 첫날부터 전 학년에 걸쳐 일반학교의 학급활동에서 배제되는 것이 트라우마이다. 또한 많은 지적장애인은 동료 학생들에게 잔인할 정도로 조롱을 당했고 장애 때문에 자신의 가족에게 외면당하기도 하였다. 많은 지적장애인은 제대로 된 돌봄을 받는다고 확신할 수 없는 위탁 돌봄에 배치되기도 하였고, 많은 사람은 약물이나 알코올 문제가 있는 가정에서 자랐다. 또한 지적장애인들은 자라면서 성적으로나 신체적으로 학대를 당하기도 했다. 학대 전문가인 데이브 힌스버거(Dave Hinsberger, 1987)는 연구를 통해 지적장애 여성의 10명 중 8명, 남성의 10명 중 6명이 성적 학대의 경험이 있다고 밝혔다.

선행사건 또는 촉발요인

행동적 반응과 트라우마 기반 반응은 비슷하게 보일 수 있다. 둘 다 선행사건에 대한 반응이기 때문이다. 트라우마 기반의 반응은 어떤 사건에 의해 촉발된 교감 신경계의 실질적인 투쟁-도피 반응이다. 이것은 선행사건처럼 보일 수 있으며 반응이 계산된 것처럼 나타날 수 있다. 그러나 사실 우리는 내재된 암묵적 기억을 가지고 있고 환경을 통해 감지된 기억은 감정적인 반응을 촉발할 수 있다. 이러한 감정적 반응은 암묵적이거나 무의식적인 기억에 근거할 수 있다. 예를 들어, 큰 개에게 물렸던 일을 기억하지 못하더라도 큰 개가 주위에 있을 때 긴장하고 개에서 멀리 떨어지려는 반응을 보일 수 있다. 우리의 몸은 기억하고 있는 것이다. 1장에서 만난 데니는 금발 머리의 사람을 볼 때마다 테이블과 의자를 던지기 시작했다. 데니는 생머리의 금발을 가진 누군가에게 학대를 당했거나 일련의 학대 상황을 암묵적 기억으로 저장하여 가지고 있었다.

투쟁, 도피, 혹은 얼어붙는 반응

인간의 뇌는 세 가지의 기본 층이 있다(Howard, 2000). 뇌간 부위를 중심으로 하는 첫 번째 층은 우리 몸이 반사 자극에 반응하는 메커니즘을 조절한다. 이것은 파충류와 양서류 뇌를 의미한다. 다음으로 동물적 뇌인 변연계는 교감 신경계와 부교감 신경계로 구성되어 있다. 변연계는 공격, 방어, 도망 또는 죽은 척 해야 하는 상황과 같은 위험 상황이 되었을 때 일상적으로 편안한 상태에서 위급한 상황에 대응하기 위해 투쟁-도피, 얼어붙는 반응으로 빠르게 전환할 수 있게 한다. 마지막으로 상위 수준의 뇌는 불확실한 세계를 헤쳐 나가도록 의사 결정과 협상 같은 추상적인 사고와 실행 기능을 조절한다. 우리의 이성적인 사고방식이 있는 곳이다.

지적장애인을 떠올려 보면, 행동이 나타날 때 두려움을 갖고 반응하는 경우를 자주 볼 수 있다. 그들은 실제로 교감 신경계가 고도로 자극을 받아 투쟁-도피나 얼어붙음 반응을 보인다. 그들은 무엇에 의해 자극을 받고 있을까? 바로 위험을 감지한 것이다.

이는 자신이 공격당할 수 있고 상실, 박탈, 혹은 기만당했고, 또는 신체적이나 성적 학대의 위협이 있다는 지각에서 생길 수 있다. 이러한 모든 지각은 교감 신경계가 뇌를 지배하도록 촉발할 수 있다. 이 때 지적장애인이 생각할 수 있는 것은 싸우거나 도망치거나 얼어붙는 것이다. 이성적인 마음은 교감 신경계의 공황 상태에 의해 완전히 압도된다. 우리 모두는 이런 상태에 있는 사람들을 본 적이 있다. 그들은 무언가를 얻기 위해서가 아니라 위험으로부터 스스로를 보호하려고 노력하고 있는 것이다. 촉발요인(trigger)은 그들이 원하는 것을 얻을 수 있다는 것을 알려 주는 선행사건이 아니다. 그것은 실제로 어떤 종류의 위험에 처해 있거나 그들이 인지하고 있는 위기감을 알리는 신호이다.

또한 우리는 사람들이 얼어붙는 것을 볼 수 있다. 많은 지적장애인은 두려움을 느끼거나 두려움에 압도되었을 때 얼어붙는다. 내 경험에 의하면 어떤 사람은 위협을 당할 때 실제보다 낮은 인지 능력을 보인다. 나는 자신이 직면한 위협을 모르는 채 자신을 위협하는 사람들로부터 그냥 '숨어 버리려고만 하는' 많은 사람과 일해 왔다. 예를 들어, 불안감을 주는 개인이나 위협적인 종사자로 둘러싸인 전통적인 주간 프로그램에 있는 사람들은 실제로 섣불리 선을 넘지 않기 위해 실제보다 기능이 떨어지는 척하거나 인지 능력이 떨어질 수 있다. 나는 평상시와 주거환경에서 드러난 것보다 안전한 환경에 있을 때 훨씬 더 높은 인지 능력을 보인 수많은 사람과 일해 본 경험이 있다. 이것은 일종의 얼어붙음이다.

상호 작용을 중단하고 거부하는 것은 또 다른 형태의 얼어붙음이다. 위협을 받는 동물이 죽은 척 할 수 있는 것처럼 스스로 무력하다고 믿는 위기감을 느끼는 사람들은 소통의 문을 닫을 수 있고 상호작용을 거부할 수 있다.

트라우마 마음상태

외상후 스트레스장애(Posttroumatic Stress Disorder: PTSD)를 가진 개인과 관련하여 메리 조 배럿(Mary Jo Barrett, 2010)은 '트라우마 마음상태(trauma mind)'에 대한 이론을 정교화했다. 트라우마 속에 있는 동안 그 개인은 투쟁-도피 반응에 있다. 또한 그들은 정신적으로 충격을 당한 시점으로 퇴행한다. 예를 들어, 2, 3, 4세에 신체적 학대로 트라우마를 경험한 지적장애인이 있다면, 이후 그의 집에서 위험을 느낄 때 다시 투쟁-도피 반응으로 되돌아가 트라우마 마음상태 속으로 들어갈 것이다. 그는 비록 40세의 신체를 가졌지만 정신은 2세, 3세 또는 4세가 될 것이고, 40세의 아이는 트라우마를 경험했던 3세

혹은 4세 나이로 반응하는 것이다.

트라우마 마음상태는 투쟁-도피 반응으로 대응할 때 자신의 심리 상태가 어떻게 완전히 다르게 변하는지 보여 주기 때문에 흥미로운 개념이다. 이는 트라우마를 겪은 시기로 퇴행하고 성인과 같은 또는 이성적인 방식으로 생각하지 않는 마음의 상태를 말한다. 트라우마 마음상태에 있을 때 우리 마음의 이성적인 측면은 더 이상 작동하지 않는다.

행동문제가 있는 개인들과 함께 일해 본 사람들은 이러한 마음상 태를 이해한다. 우리와 함께 일하는 많은 사람은 행동문제를 일으킬 때 크게 퇴행하는 것처럼 보인다. 비록 우리가 그들에게 행동문제를 일으켰을 때 행동에 따르는 결과가 어떨지 상기시켜 주지만 그것은 전혀 효과가 없다. 종사자들도 나에게 똑같은 말을 한다. 그것은 개 인이 이전의 트라우마 상태로 퇴행하고 투쟁-도피 양상의 비합리적 인 반응을 보이는 심리상태에 들어갔기 때문이다.

데니(Denny)의 사례로 되돌아가 보자.

🗣 데니

데니는 투쟁-도피 반응에 있었으며 자신을 학대했던 사람처럼 보 이는 여자를 볼 때마다 분명히 퇴행했다. 데니의 행동은 그녀를 보 았을 때 극단적으로 변했다. 그는 완전히 편안한 상태에 있다가 갑 자기 물건을 던지고 테이블을 엎어 버리기 시작했다. 자신을 보호하 기 위해 겁에 질려 반응하는 아이가 된 것이다. 사실 데니는 실제로 어린아이였을 때 기관에 배치되었고, 그 곳에 있는 동안 반복적으로 트라우마를 겪었을 가능성이 매우 높다. 어린 시절 경험했던 기관의 상황은 말할 것도 없고 한 명의 종사자가 10~15명의 아이들을 돌보아야 하는 환경에 있는 것만으로도 트라우마로 작용했을 것이다. 어떤 보상도 데니가 의자를 던지거나 테이블을 뒤집는 행동을 멈추게 하는 동기로 작용하지 않았다. 데니는 자신의 반응을 이성적으로 연결할 수 없었다. 투쟁-도피 반응에 있었고, 곧 닥쳐올 위험을 막으려고 노력했다.

내가 수년 동안 목격한 많은 공격행동은 실제로 위험을 감지한 지적장애인의 공포에 찬 투쟁-도피 반응이었던 것으로 보인다. 우리는 왜 보상이 효과가 없었는지, 왜 선행사건이 그러한 행동을 유발시키지 않았는지 항상 궁금했다. 이제 나는 내가 행동계획을 작성해 주었던 사람들이 비이성적인 행동을 할 때 그들 중 대다수는 트라우마를 경험했고 트라우마 마음상태를 가졌다는 것을 깨달았다.

암묵적 기억 대 명시적 기억

댄 시겔(Dan Siegel)은 『마음챙김 치료자(The Mindful Therapist)』 (2010)라는 책에서 암묵적 기억과 명시적 기억의 측면에서 트라우마에 대해 기술하였다. 암묵적 기억은 감정적인 기억을 담고 있으며 이성적으로 표현되지 않는다. 이 기억들은 언제든지 떠오를 수 있고 심지어 현재 일어나는 것처럼 나타날 수 있다. 좋은 예로 할머니의 부엌이나 유치원 교실에서 맡았던 것과 같은 향기를 맡았을 때 몇 년 전 그 장소에 있는 것처럼 느끼는 것을 말한다. 이러한 기억들은 의식적인 정신작용에 의해 부호화되거나 불러일으켜지는 것이 아니다. 그냥 저절로 떠오르는 것이다.

반대로, 명시적 기억은 저장된 정보를 인출하도록 활성화시키는 의식적인 정신작용으로 불러일으킨다. 어렸을 때 다녔던 유치원의 이름이나 할머니가 살았던 도시 이름처럼 부호화된 자료와 같이 사실적이고 자서전적인 기억이다.

트라우마 상태가 되면 명시적인 기억은 인출되지 않고 '지난 번 어떤 사람이 나에게 상처를 줬고 지금 또 누군가가 나에게 상처를 줄 것 같은 기분이 들어 화가 난다.'로 반응하게 된다. 우리는 종종 시간을 알지 못하고 마치 그것이 현재에 일어나는 것처럼 느끼는 암묵적인 기억들로 가득 차 있다. 감정 자체는 기억의 일부이나 의식적으로 올라오는 것이 아니다. 그저 촉발되는 것이다. 따라서 감정이 압도하여 우리는 계획하지 않았던 방식, 즉 합리적이지 않은 방식으로 반응하기 시작한다. 교감 신경계가 활성화되고 땀을 흘리거나 호흡이 빨라질 수도 있다. 이와 같은 과정은 지적장애인에게도 일어난다. 지적장애인은 의식적으로 반응하는 것이 아니라 촉발된 감정에 빠져 폭발하는 것이다. 그들은 비이성적으로 반응하며 거칠게 숨을 쉬거나, 얼굴이 붉게 변하며 빠르게 말하거나 더듬거리는 등의 신체적인 변화를 나타낸다. 암묵적 기억이 활성화되어 투쟁-도피 반응으로 특정 행동이 표출되었다면 이것은 의도적으로 계산된 행동이라고 볼 수 없다. 반응이 합당해 보이지 않거나 혹은 오히려 불합리해 보일 땐, 대개 트라우마 수준에 있는 과거의 암묵적 기억이 되살아나서 활성화된 반응인 것이다.

🧠 폴

폴(Paul)은 가난한 남미 국가의 거리에 살고 있는 어머니에게서 태어났다. 그녀는 심각한 약물 문제가 있었다. 폴은 생후 첫 3년간 어머니와 할머니 집을 오가며 지냈다. 그의 어머니는 노숙자였다. 폴은 어머니와 함께 길거리에서 잠시 살다가 할머니 집으로 돌아왔다. 폴은 3세에 할머니 집에서 몸에 35개가 넘는 담배 화상을 입은 상태로 발견되었다. 또한 할머니의 남자친구로부터 성적 학대가 있었다는 보고가 있었다. 폴의 상태가 알려졌고, 그는 미국의 한 가정에 입양되었다. 폴에게는 누나도 있었다. 누나와 폴은 입양가족의 사랑과 보살핌 속에 잘 자랐다.

누나는 인지적으로 별다른 문제가 없었고 새로운 생활에 잘 적응하였다. 그러나 폴은 어린 시절 내내 다른 아이를 성추행을 하려고 시도하면서 문제를 일으켰다. 그는 또한 태아기 때 마약과 알코올의 노출로 인한 뇌 손상 때문에 특수교육 서비스도 받았다. 폴은 폭발적인 분노에 문제가 있었고 주의를 기울이는 것이 힘들었다. 마치 태아 코카인에 노출된 것처럼 보였다. 폴은 어린 시절 내내 성적으로 부적절한 행동과 공격성으로 어려움을 겪었다. 그는 여러 유형의 주거시설에서 지냈고 다양한 주간 프로그램에 배치되어 지원을 받았다. 하지만 폴은 계속해서 문제를 보였고 충동적인 행동을 했다.

앞 장에서, 우리는 폴이 태아 코카인 노출로 힘든 청년기를 보냈다는 것을 알고 있다. 또한 폴은 생애 첫 3년 동안 굶주림과 신체적, 성적 학대의 트라우마를 경험했다. 어린 시절의 트라우마는 폴에게 엄청난 영향을 미쳤다. 폴을 위해 열린 지역사회 배치 모임에서 종사자들은 '폴은 끊임없이 먹고, 허술한 틈을 타 다른 사람의 돈을 빼앗으려 하고 직장에서 자꾸 간식을 달라고 한다.'고 심하게 불평했다. '그는 불량배 같다. 폴이 원하는 것은 모두 다른 사람의 물건이다. 폴의 행동에 대한 후속조치가 필요하고, 폴은 더 잘 알고 있다.'고 했다.

회의에 참석한 대부분의 사람이 그에게 화가 나 있었다. 그는 이미 여러 가지 행동계획이 적용되고 있었고, 종사자들은 폴이 마음대로 행동하는 특권을 누리는 대신에 스스로 행동의 결과를 받아들이게 할 필요가 있다고 불평했다. 아무리 성실한 사람이라도 충족시킬 수 없는 욕구를 가진 이 청년에게 종사자들은 좌절감을 표출하고 있었다. 폴은 또한 주기적으로 폭발을 일으켰지만 최근 입원을 하면서 많은 약물을 처방받아 투여하고 있기 때문에 더 이상 불안정한 모습을 보이지 않았다. 그러나 처방받은 약 때문에 허기와 갈증은 더욱 커졌고 술과 간식을 얻기 위해 더 많이 구걸하고 종사자를 괴롭히고 있었다.

"그의 문제는 행동이다!"라고 팀은 동의했다. 그들은 행동계획을 개선하고 폴의 괴롭히는 행동을 줄이기 위해 나에게 도움을 요청했다. 나는 처방받은 약이 허기와 갈증을 더 악화시키고 있다는 것을 지적했다. 약물을 줄이기 위해 정신과 의사와 계속 협력하는 계획을 세웠다. 그러나 종사자들은 만족하지 못했다. 그들은 폴이 식탐과 욕구 면에서 고의적이라고 느꼈기 때문이다.

폴은 발달적으로 가장 중요한 시기(0~3세)에 계속된 굶주림과 갈증을 경험했기 때문에 그것을 끊임없이 채워야 한다고 느꼈다. 궁핍했고 갈 곳 없었던 경험은 폴에게 큰 트라우마로 각인되었고 트라우마는 그를 떠난 적이 없다. 폴은 그 시점부터 자신이 결코 충분히 얻을 수 없다고 느꼈다. 그는 점점 더 많은 것을 비축해야 했다. 폴은 자기 방에 식량을 비축했다. 그리고 다시 식량을 빼앗길까 봐 두려워했다. 궁핍했던 암묵적 기억은 잠재의식에 깊이 뿌리 내렸다. 다시 궁핍해질 것 같은 두려움 때문에 폴은 구걸하고 괴롭히는 행동을 했다. 그의 정신을 지배한 트라우마의 기억과 두려움 외에도, 심리적 불안을 줄이기 위해 복용하는 약물은 실제로 갈증과 굶주림에 대한 감각을 고조시켰다. 그는 악순환에 빠졌다.

게다가 폴은 담배를 피웠지만 종사자들은 담배를 직장에 가지고 오는 것을 허락하지 않았다. 우리는 연차회의에서 이것을 발견했다. 폴이 담배를 갖고 있지 않을 때, 일하는 사람들이 그의 박탈감을 높이면 충동적으로 주변 사람들에게 돈과 담배를 구걸하거나 심지어 싸움을 걸기도 했다. 폴은 충분히 가지지 못했다는 느낌과 궁핍에 대한 잠재적인 기억으로 인해 투쟁-도피 반응으로 되돌아갔다. 그는 돈, 과자, 담배를 구걸하는 일로 사람들과 싸웠다. 종사자는 박탈감과 암묵적 기억으로 촉발되는 폴의 트라우마 반응의 근원을 이해하려 하지 않고 폴을 괴롭히는 사람으로 낙인찍고, 물건에 접근하지 못하게 더 규제를 가했다. 더 커진 규제로 인해 폴은 더욱 빈곤하게 느끼게 되었고 이에 따라 구걸하는 행동과 괴롭힘의 횟수는 증가했다.

종사자들은 폴의 행동에 대한 후속조치를 강력하게 만드는 행동계획을 요구했는데 나는 그것을 거부하고 나의 방식대로 치료를 다시 시작할 수 있었다. 폴은 잘 조성된 환경에서 트라우마 치료가 절실히 필요했다. 그는 현재 EMDR을 받고 있으며 매주 치료사를 만나고 있다. 낮 동안에 원하는 음식을 충분히 받을 수 있었기 때문에 배고픔에 그다지 집착하지 않고 온종일 안전하다고 느끼며 침착하게 행동했다. 또한 폴이 복용하는 약도 현저하게 줄었다.

종종 심각한 트라우마를 가진 사람들은 불면증과 심한 기분 변화가 그들의 외상후 스트레스장애의 일부분으로 나타나기 때문에 양극성 장애(조울증)를 가진 것으로 진단된다. 폴의 경우도 그랬다. 조울증 약을 끊은 것은 허기짐과 갈증에 대한 생리적 감각을 줄이는 데 도움이 되었다. 치료와 항우울제는 폴의 전반적인 기분을 향상시키

고 안정시키는 데 도움을 주었다. 폴은 이제 잘 지내고 있다. 바라건
대, 폴은 하루하루 자신의 삶을 즐기면서 살아갈 수 있는 능력이 향
상될 것이다.

큰 트라우마와 작은 트라우마

EMDR의 도입자이자 트라우마 치료 분야의 선구자인 프란신 샤
피로(Francine Shapiro, 2001)는 '큰 트라우마(big T)'와 '작은 트라우마
(little t)'의 개념을 소개했다. 우리가 일반적으로 생각하는 트라우마
인 강간, 성추행, 신체적 학대, 자동차 사고, 재난 등은 큰 트라우마
이다. 우리 모두는 큰 트라우마가 끼치는 부정적인 영향에 매우 익숙
하다. 그러나 작은 트라우마는 고통을 유발하지만 다른 사람들의 눈
에는 중요하지 않은 작은 사건이다. 예를 들면 학대나 신체적 상처는
아니지만 집단 내에서 모욕을 당한 경험 등이 해당된다.

샤피로에 따르면 이 작은 트라우마가 합쳐져서 자신만의 외상후
스트레스장애를 만든다. 잠시 지적장애인 개인의 삶에 대해 생각해
보자. 지적장애인들은 일상생활 속에서 지속적으로 자신이 다른 사
람과 다르다고 상기시키는 경험을 하게 된다. 학교에서 손가락질 받
고 웃음거리가 되기도 한다. 비록 이것이 학대로 보이지는 않지만
그만큼의 영향을 줄 수 있다. 만약 여러분이 당혹스러운 순간을 생
각했을 때 어떤 형태로든 거의 매일 하나씩 있다고 상상한다면, 엄청
난 고통을 가중시킨다는 것을 이해할 수 있을 것이다. 매일 매일 그
고통을 참는다고 상상해 보라. 이것이 많은 지적장애인의 일반적인
상태이다. 작은 트라우마는 축적되고 때로는 큰 트라우마만큼 큰 영

향을 끼친다.

지적장애인은 작은 트라우마와 큰 트라우마 모두를 경험할 가능성이 높다. 지적장애인들은 경험으로부터 영향을 더 많이 받을 가능성이 높고, 그것에 대해 이야기하거나 그 영향을 처리하는 데 도와줄 사람이 아무도 없었을 것이다. 지적장애인의 상당수는 엄청난 무게를 어깨에 짊어지고 있는 것과 같은 정서적 부담을 가지고 있는데 우연히 촉발요인이 있을 때 주기적으로 폭발하게 만드는 원인이 된다. 이러한 폭발은 순전히 행동적인 사건처럼 보이지만 실제로는 트라우마 기반의 반응이다. 즉, '트라우마에 기반'한 암묵적 기억을 불러일으키고 감정적인 반응을 유발하는 사건에 의해 촉발되는 것을 의미한다.

우리는 지적장애인이 왜 그런 식으로 반응하는지 알지 못하며 오히려 이러한 행동이 조작적이거나 어떤 특정 결과를 낳기 위한 의도라고 결론짓는 경우가 많다. 사실 행동은 트라우마에 기반한 것일 수 있고, 그 트라우마가 작은 트라우마였다 하더라도 사건을 통해 지금 분출되고 있는 감정을 불러일으킬 수도 있다. 이런 현상이 발생할 수 있는 징후는 종종 과잉반응이다.

과잉반응은 촉발된 암묵적 기억에 대한 투쟁-도피 반응으로 나타난다. 다시 말해서 사람들이 과도하게 행동하면, 순수한 행동 반응보다는 트라우마 기반의 반응을 보이고 있을 가능성이 높다. 특히 특정 환경요인이나 사건에 의해 과잉반응이 촉발된 경우 더욱 그렇다.

부정 당하는 트라우마

나는 매우 중요한 작은 트라우마를 '부정 당하는 트라우마'라고 명명하고 싶다. 어렸을 때 어떤 느낌을 느꼈지만 어른들로부터 그 느낌은 실제가 아니라는 말을 들었던 것을 기억할 것이다. 낙담하고 트라우마를 입은 어린아이에게 어른들은 "괜찮을 거야."라고 말한다. 한 어머니는 문제의 어떤 아이가 의도적으로 자기를 공격한 것이라고 분명하게 알고 있는 자신의 아들에게 "그 아이가 널 해칠 생각은 없었어. 그러니 화를 내면 안 돼."라고 말할 수 있다. 우리는 다치지 않았으면 화를 내면 안 된다는 이해할 수 없는 말을 듣는다. 그러나 우리가 성장하여 어른이 되어 사회에서 어느 정도의 위치에 있게 되면 우리의 감정과 인식을 보다 효과적으로 주장할 수 있게 되고 자신의 감정과 인식이 타당하다고 입증할 수 있게 된다. 그런 다음에야 비로소 사회적 환경에 의해 우리 자신의 타당성이 입증된다.

지적장애인은 이런 경험을 하는 경우가 많지 않다. 그들은 종종 그들이 표현하는 감정이 타당하지 않은 것으로 부정당한다. 지적장애인은 가끔 동료나 함께 사는 사람들에게 학대를 당할 때 학대를 당하고 있는 것이 아니라는 말을 듣는다. 그들은 단지 그 사람을 무시해야만 한다. 또는 행동계획이 있기 때문에 걱정하지 말라고 한다. 혹은 분노나 정서적 고통의 원인에 대해 들어주기보다 올라온 감정을 어떻게 진정시킬 것인가에 대한 교육을 받는다. 이러한 모든 방법은 지적장애인이 자신의 감정과 반응이 올바르지 않다고 느끼도록 만든다.

지적장애인은 직업을 바꾸고 싶다고 반복해서 표현하는 경우가 많다. 지적장애인들은 계속해서 반복적으로 그 주제가 회의에서 논의될 것이라는 얘기를 듣는다. 어떤 경우에는 회의가 열리는 데 거의 1년이 걸린다. "연차회의에서 일자리를 바꾸는 것에 대해 이야기할게요." 많은 지적장애인은 직업이나 주간 프로그램 배치에 대해 불평할 때 이러한 말을 듣는다. 또는 "영화 보는 금요일만 좋아하는군요."와 같은 반응을 듣는다. 잠시 당신이 싫어하는 직업을 가지고 있다고 상상해 보자. 당신이 할 수 있는 다른 일이 있다는 것을 알면서도 당신은 그만둘 수 없다(실제로 어떤 독자의 경우 자신도 그러한 상황에 처해 있다고 느낄 수 있지만, 장애가 없는 사람들은 다른 제약조건과 상관없이 그만둘 수 있는 능력이 있다). 많은 지적장애인은 자신이 사는 곳과 함께 사는 사람을 좋아하지 않는데도 실제로는 좋아하고 있다고 종사자들이 말할 수 있다. 심지어 싫어하는 감정도 무효화되는 것이다. 이것이 트라우마로 여겨지지 않을 수도 있지만 매일, 매년, 내 감정이 무효화되는 누적된 결과는 실제로 꽤 큰 트라우마가 된다. 작은 트라우마가 더해지면 때로는 큰 트라우마와 동일한 힘을 가진다.

트라우마 기반 반응

주디스 허먼(Judith Herman)은 저서인 『트라우마와 회복(Trauma and Recovery)』(1997)에서 트라우마의 세 가지 주요 정서적 결과, 즉 무력감, 단절감, 안전감의 부족을 제시하였다. 그녀의 책은 트라우마의 분야에서 중요한 역할을 하며 트라우마의 영향과 외상후 스트레스장애의 명확한 증상을 잘 집어냈다. 허먼은 치료사에게 트라우마 경험자와 작업할 때 이 세 가지 영역을 다루어야 한다고 분명하게 언급하고 있다. 그렇지 않으면 치료는 효과적일 수 없다. 지적장애인 개인의 맥락에서 이 세 가지 영역에 대해 설명하고자 한다.

무력감

지적장애인은 거의 무력한 존재로 규정된다. 주거 배치, 일상적인 일, 심지어 다른 사람과의 관계에서 스스로 선택하는 경우는 극히 드물다. 지적장애인을 수용하는 많은 시설은 선택의 개념에 관해 입에 발린 말을 할 뿐 실제 이행에 있어서는 부족한 실정이다. 대다수의 지적장애인은 그들이 살고, 일할 기관을 선택하는 것조차 하지 못한다. 지적장애인의 삶을 변화시키는 힘은 그들 자신을 옹호하는 능력에 있다. 어떤 사람들은 자기주장을 거의 하지 않고, 어떤 사람들은 말을 잘 하지 못하거나 전혀 할 줄 모른다. 또 다른 사람은 자신의 삶에 변화를 주려고 시도할 만큼 스스로 희망을 느끼지 못한다. 그러나 말을 잘하고 변화를 시도할 수 있다 하더라도 힘이 부족하기 때문에 대부분 무시당한다. 무기력하다는 것은 지적장애인의 삶의 상태를 말해 준다.

위에 제시된 문제 외에도 성적 또는 신체적으로 학대를 받은 이들을 생각해 보자. 학대를 통해 자신을 타인으로부터 육체적, 성적으로 공격을 당할 수 있는 사람으로 받아들이게 된다. 그들은 학대를 막을 수 없으며, 그로 인해 무력해졌고, 삶에 자기 자신은 영향을 미칠 수 없다고 느낀다. 심지어 신체적, 성적 학대와 함께 어떤 감정적인 메시지가 주입되었느냐에 따라 다시 학대받기 쉽거나 자신을 학대받아도 되는 사람으로 보게 된다.

레니(Laney)는 태아 알코올 증후군(Fetal Alcohol Syndrome: FAS)을 가지고 있고 의붓아버지에게 반복적으로 성적 학대를 받았다. 레니는 시설에 살고 있으며 그녀가 싫어하는 사람들과 함께 살고 있다. 레니는 종종 출퇴근을 하는 차 안이나 기타 부적절한 상황에서 일정한 형태의 성행위를 한다. 그녀는 자신으로부터 성적 호의를 원하는 사람에게는 누구나 기꺼이 그것을 충족시켜 주려고 한다. 레니는 자신의 상황을 바꿀 수 있다고 생각하지 않으며 매일 그녀를 더듬는 사람들에게 거절하는 말을 할 수 없다고 생각한다.

레니는 실제로 자신의 가치를 성적인 대상으로 이해하고 있다. 레니의 행동계획은 성적으로 문란하지 않을 때 보상을 받는다고 적혀 있지만 그것은 제대로 작동되지 않는다. 레니는 차 안이나 다른 장소에서 자신과 성행위를 하는 것에 익숙해진 남자들의 요구에 거절할 수 있는 힘을 갖고 있지 못하기 때문에 어려움을 겪고 있다. 그녀가 자신을 옹호할 수 있는 역량을 가질 때까지는 행동의 어떤 측면도 스스로 바꿀 수 없다. 결국 레니는 수년간의 성적 학대로 인한 트라우마를 해결하는 데 초점을 맞춘 EMDR을 포함한 트라우마 치료를 받은 후 마침내 한 번에 한 사람하고 데이트를 할 수 있게 되었다.

때때로 괴롭힘과 공격적인 행동은 무력함의 표현일 수 있다. 어떤 사람에게는 자기보다 훨씬 힘이 없는 사람을 공격하는 것이 자신이 힘을 가지고 있다고 느낄 수 있는 유일한 방법일지 모른다. 이런 종류의 부정적 사슬은 관리 감독이 거의 이뤄지지 않고, 개인이 자유롭게 이동하고 참여하고 싶은 활동을 선택할 여지가 없는 특정 환경에서 발견될 수 있다. 남을 괴롭히는 것에 대해 변명의 여지는 없다. 하지만 그것은 종종 무력감과 연관된 좌절감의 표현임을 기억해야 한다.

단절감

허먼(2007)에 따르면, 타인과 단절되거나 의미 있는 유대감을 형성하지 못하는 감정은 트라우마의 부정적인 영향 중 하나이다. 트라우마는 타인에 대한 신뢰를 잃고 유대감을 형성하지 못하게 한다. 지적장애인은 장애로 인해 주류 사회에서 이미 격리되고 소외되어 있다. 학교 등교 첫날부터 별도의 교실에 배치되어 고립되고 분리되어 다른 사람들과 떨어져 있는 경우가 많다. 나이가 들어서도 운전, 데이트, 직업 등 주류 활동에서 벗어나게 된다. 일상생활의 이러한 고립은 관계에서의 고립으로 이어진다. 고립과 소외의 경험이 쌓이면서 작은 트라우마가 될 수 있다. 지속적으로 소외, 거부, 배제의 경험을 가진 지적장애인이 한 번 더 배제되는 상황은 투쟁-도피 반응을 보이게 하는 촉발요인이 될 수 있다.

안전감의 결여

1장에서 정신과적 환경에서 반복적으로 학대를 받아 온 찰스(Charles)를 만났다. 앞서 설명한 자살 시도를 했을 때 나는 찰스와 몇 달 동안 치료를 했다. 자살 시도는 그가 받았던 통제에 대한 반응이었다. 찰스는 담배를 피울 수 없다는 말을 듣고 완전한 무력감을 느꼈고 그 결과 스스로 목숨을 끊으려고 했다. 찰스는 누구와도 연결되지 않았고 절망 속에서 죽음으로써 자신을 표현했다. 몇 달 전에 내가 비명을 들었을 때 찰스는 우리 병원 대기실에 있었다. 사무실에서 나와 보니 찰스가 구석에서 몸을 떨며 앉아 있었다. 나는 그에게 무슨 일이냐고 물었다. 찰스는 그곳에 있는 종사자를 가리켰다.

"그 사람이야! 그 사람이야!" 비명을 질렀다. 우리는 이 종사자에게 즉시 자리를 비워 달라고 했다. 찰스는 서서히 일어나서 약 15분 후에 의자로 돌아왔다. 그는 여전히 떨고 있었다.

우리는 그 종사자가 주립 병원에서 찰스를 학대한 사람과 비슷하게 생겼다는 것을 알게 되었다. 찰스는 두 사람이 같은 사람이라고 확신하고 있었고 그 종사자가 있는 곳은 병원 어디도 안전하지 못하다고 느꼈다. 끔찍한 학대에 대한 암묵적 기억이 촉발된 것이다. 찰스는 투쟁-도피 반응으로 온 힘을 다해 방 한구석으로 도망치려고 했다. 그를 위로하는 데 오랜 시간이 걸렸다. 찰스를 달래는 데 중요한 부분은 그가 현재에 있다고 느끼도록 돕는 것이었다. 찰스는 예전에 자신을 학대했던 종사자가 있는 병원으로 돌아왔다고 믿었다. 우리는 마침내 그를 '지금 여기에(here & now)' 머물 수 있게 하였고, 긴장을 풀게 할 수 있었다. 그럼에도 불구하고 찰스의 치료 회기 내용은 발생한 학대를 쏟아내는 것이었다. 주립 정신병원에 있는 많은 지적장애인은 지적장애를 가지지 않은 다른 환자로부터 끔찍한 학대를 받으며 지내야 했다. 찰스도 이런 학대의 경험을 우리에게 얘기하였다. 우리는 찰스가 다시는 그 종사자와 만나지 않도록 해야 했다. 또한 그가 공격적인 성향을 가진 사람과 절대 함께 살지 못하도록 했다. 찰스는 그의 삶에서 안전함을 거의 느끼지 못했고, 우리는 찰스가 안전하다는 감각을 갖도록 돕기 위해 가능한 한 많은 노력을 해야 했다. 훗날 자살 시도에서 보여 주었듯이, 우리는 그다지 잘하지 못했다. 이제 찰스는 이전 환경에서 멀리 떨어져 안전하다고 느끼는 종사자들과 함께 살고 있다. 그는 유순하고 배려 깊은 두 사람과 함께 살며 먼 여정이지만 차근차근 회복의 길을 걸어가고 있다.

우리는 자신이 사는 주거시설에서 안전하다고 느끼지 못했던 이들이 보이는 반복적인 행동사건을 지속적으로 목격해 왔다. 지적장애인이 안심하지 못하는 이유는 다양하다. 남을 괴롭히는 성향을 가진 동거인들, 행동을 예측할 수 없는 친구나 종사자, 예상치 못한 방문자 등이 그것이다.

내가 상담한 한 여성은 몇 년 동안 안정적이었지만 결국 정신질환을 가지게 되었다. 트루디(Trudy)는 고함을 지르고, 매우 유순한 동거인을 공격했으며 칼로 종사자를 위협했다. 트루디는 그 후 병원에 입원했다. 그녀는 병원에서 안정을 찾았고 퇴원하여 주거시설로 돌아갔다. 주거시설에 오자 트루디의 정신질환은 재발하였고, 그녀는 환청에 반응해 종사자를 위협하며 종사자와 동거인 모두를 해치려 했다. 트루디는 다시 입원했다. 4개월 주기로 4번이나 입원했다. 마침내 진상이 밝혀졌다. 어느 주말에 한 종사자의 남편이 아내를 지속적으로 학대하는 사람이었는데 종종 그 시설에 와서 근무하는 아내와 말다툼을 했다. 트루디는 이 남자가 종사자에게 하는 위협을 목격하며 반복적으로 촉발하였고 트라우마를 재경험하였다. 트루디의 정신질환은 사실 트라우마 반응이었다. 그녀는 병원에서 안전하다고 느꼈고 그곳에서 평온을 되찾을 수 있었다. 그러나 시설에 돌아오자마자 다시 불안한 느낌이 들었고 투쟁-도피 반응을 보였다. 트루디는 다른 곳으로 가서야 마침내 안정되었다. 그 종사자는 퇴직하였고 그녀의 남편이 다시 나타나지 않았지만, 트루디는 그 곳에서 계속해서 행동상의 어려움을 겪었다. 트루디는 다른 곳으로 이사하고 나서야 안전함을 느꼈다.

특히 큰 트라우마와 작은 트라우마를 모두 경험한 지적장애인의 경우 안전의 중요성은 아무리 강조해도 지나치지 않다. 개인이 자신의 집에서 안전하지 않다고 느낀다면 회복의 과정은 시작될 수 없다. 트라우마 반응은 촉발될 가능성이 더 높으며, 도피—투쟁 반응은 그들이 가장 많이 취하는 형태이다. 나는 고질적으로 달아나는 지적장애인에 대해 여러 번 들었는데 그는 집에서 다른 거주자나 종사자에 의해 어떤 식으로든 위협을 받고 있다는 것을 알게 되었다. 또한 집에 과도한 통제가 있는 지적장애인도 비행을 시도한다는 것을 발견했다. 통제는 방치와 버림에 대한 암묵적 기억을 자극함으로써 촉발요인의 역할을 할 수 있다. 안전하다고 느끼는 것의 일부는 기본적인 욕구가 충족될 수 있고, 다칠 위협이 없으며 자신의 목소리에 귀 기울일 사람이 있다고 인식하는 것이다. 이러한 기본 조건은 기관 및 지역사회 생활의 상황에서 지적장애인에게는 충족되지 않는다. 대부분의 사람은 안전하다고 느끼지 않을 때 이성적으로 행동하지 않는다. 투쟁—도피 혹은 얼어붙음은 위험이 감지될 때 유발된다. 트라우마 반응은 두려움을 통해 촉발되는 것이다.

발달적 트라우마 장애

반 데르 콜크 등(Van der Kolk, McFarlane, & Weisaeth, 2007)은 학대와 방임을 경험한 아동 및 청소년을 위해 '발달적 트라우마 장애'라는 새로운 진단을 제안했다. 반 데르 콜크 외 연구진은 아동기 트라우마가 아동기에만 나타나는 학습장애, 인지장애, 정신건강문제, 행동문제 등을 유발할 수 있다고 주장했다. 이것은 실제로 지적장애를 가진 많은 사람에게 올바른 진단일 수 있다. 트라우마로 인해 인지적 문제가 발생할 수 있기에 지적장애 진단이 가능하다. 반 데르 콜크(2010)가 발달적 트라우마 장애의 기준으로 제시한 범주 중 하나는 지적장애를 포함한 기능장애이다. 기능 손상은 다음과 같이 정의된다.

다음과 같은 기능 영역 중 적어도 두 가지 영역에서 임상적으로 심각한 고통이나 손상을 유발한다.

- 학업: 수행저하, 출석미달, 징계 문제, 중퇴, 수업 미이수, 교내 종사자와의 충돌, 신경학적 또는 기타 요인으로 설명할 수 없는 학습 장애 또는 지적 손상

지적장애와 트라우마 이력이 있는 사람과 함께 일했던 우리는 종종 그들이 보이는 인지 능력의 수준에 충격을 받는다. 개인이 안전하다고 느끼고 이전의 트라우마에서 회복하기 시작하면서 인지적으로도 더 잘 기능하기 시작하는 것은 당연하다. 때문에 지적장애인이 트라우마를 반복적으로 경험하지 않았다면 여전히 지적장애로 진단받았을까 하는 의문이 든다.

트라우마는 지적장애인의 세계에 널리 퍼져 있다. 지적장애인의 삶에는 학대, 방치, 성적 학대 및 기타의 큰 트라우마가 많다. 많은 사람이 태아기 때 알코올이나 약물에 노출되어 지적장애를 가지고 있다. 인과관계를 정확히 파악하기 어려울 수 있기 때문에 많은 사람에게 닭이 먼저냐 달걀이 먼저냐의 문제가 된다. 트라우마로 인해서 지적 기능이 저하되었는지? 아니면 그들이 자랐던 자궁이 뇌 손상을 입게 했는지? 출생 후 자란 환경은 그들이 출생 전에 머물렀던 약물과 알코올에 젖은 자궁만큼이나 파괴적일 수 있다.

반 데르 콜크(2010)는 아이가 양육자와 갖는 초기 유대감이 강하지 않고 정서적 지지가 거의 없거나 전혀 없을 때 발생하는 악순환에

대해 설명했다. 그 아이는 안전감을 키울 수 없다. 애착 문제의 트라우마는 나중에 양극성 장애, 주의력결핍장애, 반항장애, 품행장애를 유발할 수 있다. 반 데르 콜크는 양육자와 안전하게 결속할 수 없거나 지속적으로 진정한 사랑이나 애정을 받을 수 없는 위탁 가정에 배치된 아동들에게서 발생하는 상황을 설명했다.

많은 지적장애인은 어린 시절 여러 배치기관을 이동했다. 반 데르 콜크(2010)에 따르면, 안정성이 떨어지고 결과적으로 안정된 애착을 형성할 수 있는 기회가 부족하게 되면 그 나름대로의 독특한 형태의 트라우마가 된다. 주로 일반 아동에 대해 기술했지만 그의 연구와 통찰력은 지적장애인에게도 해당된다. 안정적인 가정에서 자란 지적장애인조차 초등학교 시기부터 사회가 그들을 대하는 방식에서 수많은 작은 트라우마에 노출되어 있다. 반복적으로 자신을 비하하는 말로 조롱당하는 경험은 그 자체로 트라우마 경험이다. 우리가 지적장애인의 삶에서 다양한 수준의 트라우마를 인식한다면, 진단명은 별도로 명시되지 않은 정신장애나 충동조절장애에서 발달적 트라우마 장애로 바뀔 수 있고, 행동문제는 결국 발달적 트라우마 장애의 증상으로 볼 수 있게 될 것이다.

참고문헌

Barrett, M. J. (2010, March-April). Therapy in the danger zone. *Psychotherapy Networkers*. Available at http://psych.therapynetworker.org

Herman, J. (1997). *Trauma and recovery*. New York: Basic Books.

Hinsberger, D. (1987). Sex counseling with the developmentally handicapped:

The assessment and management of seven critical problems. *Psychiatric Aspects of Mental Retardation Reviews, 6,* 41–46.

Howard, P. J. (2000). *The owner's manual for the brain.* Atlanta: Bard Press.

Shapiro, F. (2001). *Eye movement desensitization and reprocessing (EMDR): Basic principles, protocols, and procedures.* New York: Guilford Press.

Siegel, D. J. (2010). *The mindful therapist: A clinician's guide to mindsight and neural integration.* New York: W. W. Norton.

Van der Kolk, B. A., McFarlane, A. C., & Weisaeth, L. W. (Eds.). (2007). *Traumatic stress: The effects of overwhelming experience on mind, body, and society.* New York: Guilford Press.

7

트라우마 회복의 기본은 안정화이다

만약 행동문제의 90%가 큰 트라우마(big T)와 작은 트라우마(little t), 그리고 관련 반응에서 비롯된 감정에 기반한다는 가정을 이어간다면, 다음 행동방침은 발달적 트라우마 장애의 정확한 진단과 함께 트라우마의 영향에 대처하는 사람들이 어떻게 그들의 삶을 진정으로 안정시키고 즐길 수 있도록 지원할 수 있는지 살펴보는 것이다. 주디스 허먼(Judith Herman, 1997)에 의해 확인된 것처럼 안전감 부족, 단절감 그리고 무력감과 같은 트라우마의 영향은 안정화와 예방을 설명하기 위한 논리적 출발점이다. 지적장애 분야에서 우리는 이런 행동문제와 관련하여 오랫동안 대응해 왔다. 일반적으로 우리는 행동문제가 발생하는 경우에만 행동관리 및 행동지원계획을 작성하여 시행한다.

한번은 어떤 지적장애인이 나에게 주기적으로 행동문제를 일으키는 것을 좋아한다고 이야기한 적이 있다. "왜 그런가요?"라고 물었을 때 그는 "그렇게 하면 행동계획을 세우고 보상을 받을 수 있기 때문이죠. 만약 당신이 항상 잘한다면, 아무도 당신에게 어떠한 것도 주지 않을 것이니까요." 나는 이 방법이 매우 직관적이라고 생각했다. 예방은 행동문제의 사후관리보다 훨씬 더 의미가 있다. 사람들이 자신의 행복에 대해 배우고 긍정적인 자원에 접근하는 법을 배우는 것은 좋은 행동에 대한 보상에 의존하는 것보다 훨씬 더 의미가 있다.

더욱 중요한 것은, 안전감이 없는 개인은 어떤 행동이나 정서적 성과를 이루는 데 어려움을 보인다는 것이다. 어느 누구도 위협을 느낄 때 성장할 수 없다. 여기서 중요한 것은 '감정'이다. 지적장애인이 특정 동거인, 직장동료, 또는 종사자와 함께 있을 때 안전하지 않다고 생각하더라도 종사자들은 그들이 매우 안전하다고 주장할 수 있다. 안전 부족에 대한 인식은 심리적으로 안전하지 못한 것과 같다 (Herman, 1997). 트라우마의 영향으로부터 회복하고 성장할 수 있는 능력에 필요한 것은 기본적으로 안전감을 갖는 것이다.

안전감

지적장애인의 안전은 많은 것을 의미할 수 있다. 그건 물리적인 안전이 될 수도 있고, 변덕스러운 예측 불가능한 사람들과 가까이 있지 않는 것일 수도 있다. 이것은 작은 문제처럼 보일지 모르지만, 사실 지적장애인과 함께 일하는 많은 종사자는 그들만의 트라우마 문제를 가지고 있다. 많은 사람은 스스로 많은 도움을 필요로 하지 않는다. 대부분의 주(州)에서, 지적장애인에게 서비스를 제공하는 직접 돌봄 근로자는 매우 낮은 급여를 받는다. 고학력이나 기술을 가진 고경력자들은 일반적으로 이러한 유형의 업무를 선택하지 않는다.

지난 장에서 이야기했던 트루디(Trudy)의 예를 들어 보자. 트루디와 함께하는 종사자들 중 한 명은 그녀를 학대하는 남편이 직장까지 와서 말다툼을 일삼았다. 트루디는 불안해했다. 내가 일했던 한 기관은 유죄판결을 받은 범죄자들을 고용하여 그들에게 다시 한번 기회를 주는 정책에 대해 매우 자랑스러워했다. 이것은 훌륭한 정책이었지만 불행하게도, 전과자들 중 일부는 강력범죄를 저질렀고 드러나지 않은 분노조절의 문제를 가지고 있었다. 그들 중 몇몇은 함께 일하는 지적장애인들에게 자신의 과거 범죄에 대해 털어놓았다. 지적장애인들은 당연히 안전하다고 느끼지 않았다. 나는 지적장애인들과 매우 열심히 일했지만 그들은 결코 안정되지 않았을 것이다. 종사자들을 훈련시켰고 많은 계획을 세웠으며 지적장애인들이 안정되도록 열심히 노력했지만 계속해서 부정적인 결과를 얻었다. 어느 날, 몇 달 동안 보지 못하고 지나쳤던 그 기관의 사명 선언문(mission statement)을 복도에서 읽게 되었다. 사명 선언문은 장애를 가진 사람들에게 도움이 되는 것에 대해 언급하지 않았다. 대신 범죄 경력이 있는 사람들에게 고용 기회를 제공하는 것에 대해 이야기하고 있었다.

그때부터 일을 시작하기 전에 나를 고용한 모든 기관의 사명 선언문을 읽게 되었다. 나는 왜 사람들이 행동문제 이후에도 행동문제를 해결하지 못하는지 이해하게 되었다. 나는 사람들에게 집에서 어떤 기분을 느끼는지 물어보기 시작했다. 많은 사람은 종사자가 화내는 것을 우려했다. 때로는 공격이나 기물파손이 분노보다는 두려움이나 불안감에서 더 많이 발생했다는 것을 알았다. 나는 분노관리 그룹(anger management groups)이 왜 도움이 되지 않았는지 이해하게 되었다. 이러한 사람들은 집에서 불안해했다. 많은 사람이 폭력적인 환경에 있었다. 갈등, 큰 소리 또는 특정한 공격적인 단어로 인해 두려움이나 불안감이 촉발되었다. 우리가 본 행동들은 종종 트라우마 반응으로 과거의 어려움과 관련된 암묵적 기억과 두려움으로 촉발된 혼합체였다. 그러한 환경에서는 누구라도 지적장애인들을 안정시킬 수 있을 것 같지 않았다.

때때로 지적장애인들은 함께 사는 사람들에게 안전하다고 느끼지 못한다. 비록 지적장애인이 어디 사는지 선택할 수 있다고 말하지만, 현실적으로 어느 지역사회기관에 거주할지는 지적장애인이 마음대로 선택할 수 없다. 반면 관리자들은 거주할 수 있는 지역사회기관을 선택할 수 있다. 이로 인해 관리자들은 지적장애인에게 불편하거나 위협적인 상황을 만들 수 있다. 만약 조이(Joey)에게 주기적으로 화를 내고, 물건을 집어 던지고, 때로는 공격하는 동거인이 있다면 조이는 결코 안심할 수 없을 것이다.

동일한 상황이 직장이나 교실 환경에서도 나타날 수 있다. 만약 트라우마와 같은 어려움을 겪고 있는 사람들이 있다면, 특히 과거에 공격을 받은 적이 있다면 주변 사람들에게 긴장하는 경우가 많다. 강사나 취업을 지도하는 사람은 행동관리계획을 가지고 있기 때문에 어려움을 겪고 있는 사람이 있다면 무시하거나 걱정하지 말라고 말할 수 있다. 그러나 주기적으로 다른 사람을 폭행하는 동료가 있다면 우리는 곧바로 그 사람을 멀리할 것이다. 아니면 경찰이 빠르게 그 사람을 쫓아내기 때문에 그런 기회가 없을 수도 있다. 지적장애가 있는 사람들에게는 항상 그런 것은 아니다. 이러한 문제가 있는 불안한 사람들이 종종 직장의 구성원이 된다. 이들에게 삶은 결코 안전하지 않다. 트라우마를 재경험하는 것이 이들의 삶이다.

정서적 안전

몇 년 전 나는 외래 환자 진료소에서 지적장애인을 상대로 일하는 전문 작업치료사 집단과 상담을 했다. 그들은 지적장애인과 함께하는 작업에 대한 상담을 요청했다. 몇 번의 훈련을 한 뒤, 사례를 검토했다. 특히 가슴 아픈 사연은 밥(Bob)의 경우였다. 맥락이 무시되고 행동문제에만 집중될 때 치료가 이루어지더라도 어려움의 진정한 원인을 놓치는 경우가 있었다. 만약 누군가가 정서적으로 어려움을 겪거나 안전하지 못한 상황에 있다면, 그 상황이 바뀔 때까지 다음 단계로 나아가면 안 된다.

🧠 밥

밥과 켄(Ken)은 같은 지역기관에서 10년 이상 함께 있었지만 지금은 지역사회에 기반을 둔 거주지에서 살고 있다. 보호시설 환경에 있는 많은 사람처럼 그들은 동성커플로 밥은 켄을 진심으로 사랑하고 있었다. 그들이 지역사회로 이사하자 켄은 여자친구가 생길 수 있다는 기대에 들떠 있었다. 그는 제니(Jenny)라는 여성을 만났다. 몇 달 후 관계가 진지해졌고, 제니는 한 달에 한두 번 켄과 밥의 집에서 밤을 보냈다. 밥은 이로 인해 매우 불안해했다.

치료사는 밥이 이완과 분노조절 기술을 배우도록 많은 접근법을 시도했다. 치료사의 모든 노력은 아무런 효과가 없는 것 같았다. 이 사례를 검토하면서 나는 치료사에게 만약 아내와 헤어지고도 함께 살게 된다면 기분이 어떨지, 한 달에 한두 번 새 남자친구가 방문하여 밤을 보내게 될 때 어떻게 느낄지 물었다. 치료사는 이것이 끔찍한 일임을 인정했다. 그리고 나는 이것이 밥이 현재 처한 상황이라고 지적했다. 아무도 밥에게 그의 전 남편이 자신의 집에서 새로운 연인과 만나는 것이 괜찮은지 묻지 않았다. 우리 중 누구라도 그랬듯이 밥은 그의 집에서 정서적으로 안전하다고 느끼지 않았다. 매일 밤 켄이 제니와 통화하는 것을 들으면서 밥은 상처, 버림과 거절의 감정이 촉발되었다. 이러한 감정은 제니가 방문하는 동안 절정에 달했다. 더 안타까운 것은 밥은 일생동안 많은 상실과 거절을 경험했다는 것이다. 밥의 가족은 몇 년 전 그를 시설에 남겨두고 돌아오지 않았다. 켄으로 인해 밥은 거절과 버림을 다시 경험했다.

정서적 안전의 개념은 개인이 안전하다는 느끼는 정도에 따라 다르다. 객관적으로 측정할 수는 없지만 자기 보고서는 모든 것을 알려 준다. 밥의 이야기는 사람들이 집에서 편안하게 지내는지, 어떤 것이나 어떤 사람이 그들에게 불편함이나 두려움을 주는지, 또는 바꾸고 싶은 것이 있는지 여부를 물어보는 것이 얼마나 중요한지 보여 준다.

🎚️ 베티

베티(Betty)는 평생 도시에서 살아온 사랑스러운 여성이었다. 그녀는 기관에 의해 다른 두 사람과 함께 교외로 이사했다. 그 기관은 베티가 새 집을 좋아할 것이라고 예상했다. 그러나 베티는 집 뒤에 있는 숲에 악마가 있다고 믿게 되었다. 그녀는 밤에 올빼미, 여우, 사슴 등의 동물소리를 듣고 그것이 악마라고 단정지었다. 베티는 지적장애와 더불어 성인기 전반에 걸쳐 정신질환에 시달렸다. 새로운 집에

서 베티는 숲 속에 악마가 있다는 것을 확신했다. 때문에 그녀는 밤
새 비명을 질렀고 종사자들과 다른 동거인들은 심하게 불평했다. 종
사자들은 베티를 정신과 의사에게 데려갔고 약 복용량을 늘렸다. 정
신과 의사는 베티가 망상을 겪고 있다고 진단했다. 그러나 실제로
밤에 동물이 우는 모습을 본 적이 없는 베티는 자신의 생각이 맞다고
생각했다. 그녀는 그런 소리를 경험해 본 적이 없었을 뿐 아니라 악
마에 대한 종교적인 양육을 받았다. 베티는 과거 목사들의 이야기가
무엇을 뜻하는지 정확히 이해하지 못했지만, 지금은 모든 상황이 이
해가 갔고, 악마가 어떤 소리를 내는지 알고 있다고 확신했다. 약 복
용량을 늘리기보다는 베티를 이사 보내는 것이 이 문제에 대한 적절
한 해결책이었을 것이다. 신체적인 문제로 베티가 이사했을 때, 그
녀는 상당히 진정이 되었고 마침내 안전감을 찾았다.

권한 부여

 1980년대 후반에서 2000년대 사이에 이 분야에서 일한 사람들은
장애인과 관련하여 '권한 부여(empowerment)'라는 용어를 들어본 적
이 있을 것이다. 자기옹호 운동이 매우 흥미로웠지만 기대했던 것만
큼 지대한 효과를 가져오지는 않았다. 우리는 자기결정과 주도적인
인생설계(Smull, 1996)가 개인의 선택에 관한 훌륭한 접근 방식으로
통용되는 것을 보았다. 그러나 우리 모두는 지역사회에 기반을 둔
생활 프로그램에서 선택이 항상 기대만큼 효과적이지 않았다는 것
을 알았다.

진짜 선택 대 가짜 선택

나는 지적장애인이 자신의 삶에 대해 선택을 하고, 이러한 선택과 관련된 목표를 설정할 수 있는 기회를 지적장애인에게 주는 연차회의에 참석했다. 1년 뒤 이보다 더 나은 목표와 선택을 위한 검토회의에 다시 참석했다. 그러나 첫 회의와 다음 회의에서 다룬 내용은 개별계획과 행동계획 상의 날짜만 다를 뿐 내용은 거의 똑같았다. 채택된 선택과 작성된 계획 그리고 설정된 목표와 논의된 희망사항에도 불구하고 1년 후에도 지적장애인은 여전히 같은 사람들과 같은 환경에서 일하고 있고 같은 종사자와 동료들과 같은 문제를 겪고 있었다.

나는 수년에 걸쳐 결혼을 하고 싶다고 말하는 지적장애인들을 봤다. 매년 그들은 결혼이라는 특권을 얻기 위해 자신의 행동을 수정하라는 지시를 받는다. 만약 우리 모두에게 이러한 양식이 적용된다면 우리 중 누구도 결혼하지 못할 것이다. 이러한 접근으로 이혼 문제는 해결될지 모르지만 세상에는 수많은 외로운 사람들이 있게 될 것이다. 왜 지적장애인들은 결혼을 특권으로 얻기 위해 그렇게 많은 고생을 해야 하는 반면, 불완전함을 가진 우리 비장애인들은 결혼하고 관계를 맺거나, 혹은 원하는 것을 언제든지 선택할 수 있는 것일까?

장애인들은 힘이 부족하기 때문이다. 진정한 선택권을 가지지 못한 채 배우고, 성장하고, 탐구하며, 발견하고, 진정으로 자신이 누구이고 삶에서 원하는 것이 무엇인지 알지 못하기 때문이다. 우리는 지적장애인에게 가짜 선택을 제공하는 데 매우 능숙하다. 지적장애인들은 그 당시 자신들이 선택을 하고 지원을 받고 있다고 생각하지만, 몇 개월 후에도 상황은 여전히 변하지 않았다.

허먼(1997)은 트라우마 피해자들이 자신의 상황에서 무력하고 마비된 느낌을 받는다고 말했다. 학대받는 아내는 끔찍한 결혼생활을 끝내지 못하고, 강간 피해자는 데이트를 하지 못하고, 폭력범죄 피해자는 더 이상 위험을 무릅쓰는 모험을 하지 못한다. 학대행위는 사람의 힘을 빼앗아 간다. 치유과정에서 매우 중요한 부분은 자신의 삶에 대한 힘을 되찾는 것이다. 지적장애가 있고 과거의 트라우마에 대한 정서적 부담을 안고 있다면, 삶에 대한 힘을 갖지 않고는 완전히 치유할 수 없을 것이다.

선택은 힘이다. 우리가 현장에서 지적장애인들에게 가짜 선택을 제공하는 것에서 실제 선택을 제공하는 것으로 바뀌기 전까지 지적장애인들이 과거의 트라우마를 치료하고 그들의 행동 패턴을 바꾸는 것은 기대할 수 없다. 좌절감을 표현하지 못하는 지적장애인은 종종 행동으로 이러한 감정을 드러낸다. 가짜 선택의 경우, 지적장애인들은 선택권이 있고 모든 권리가 있다고 말하지만 여기서는 어떠한 변화도 일어나지 않았다. 조작된 선택을 구별해 내는 대신 지적장애인들은 종종 좌절한다. 스스로에게 화를 내고 세상에 화를 낸다. 그들에게 주어진 선택이 실제가 아니라는 것을 이해할 수 없기 때문이다. 이러한 감정들은 행동으로 명백하게 나타난다. 결국 지적장애인들은 비난을 받고 "그러니까 당신이 [X]를 가질 수 없는 것입니다."라는 말을 듣게 된다. 새 일이건, 결혼이건 혹은 새로운 주거지이건 거짓으로 약속된 가짜 선택 [X]가 무엇이건, 이는 결코 이룰 수 없는 선택이 된다. 결국 악순환이 반복될 것이다.

행동주의자는 행동이 주의를 끌기 위한 것이며, 그 주의가 문제가 된다고 말한다. 회피 역시 그렇다. 그러나 진짜 선택이 부족하다는

근본적인 문제는 결코 다루지 않았다. 무기력한 피해자가 아닌 진정
으로 권한이 부여된 지적장애인이 되도록 돕기 위해서 진짜 선택을
촉진할 필요가 있다.

연대감 형성

주디스 허먼은 그녀의 저서 『트라우마와 회복(Trauma and Recovery)』
에서 다음과 같이 말했다.

> 심리적 트라우마에서 가장 중요한 경험은 권한을 빼앗기는 것과
> 타인과의 단절이다. 그러므로 회복은 이들에게 권한을 주고 새로
> 운 연대감에 바탕을 두어야 한다. 회복은 관계라는 맥락 안에서만
> 발생할 수 있고 고립된 상태에서는 일어날 수 없다(Herman, 1997,
> p. 133).

지적장애인의 대표적 상황은 소외이다. 지적장애인은 주류의 많
은 활동에서 배제된다. 배제는 특수교육에 배치된 어린 나이에 시
작되며 청소년기와 성인기를 거치며 계속된다. 지적장애인은 운전
면허증을 취득할 수 없는 경우가 많고 학교를 다니는 동안 지역사회
에서 아르바이트를 얻을 수 없거나 대학에 입학하기도 힘들다. 어떤
사람들은 이러한 장벽을 뚫기도 하지만 대부분은 이 장벽을 넘지 못
한 채 배제되어 고통을 느낀다.

또한 허먼(1997)은 외상후 스트레스장애(Posttraumatic Stress Disorder:
PTSD)로 고통받는 사람들이 종종 주변세계와 단절되는 경우가 많

다고 지적했다. 최악의 경우 자신과도 단절된 채 트라우마에 반응하고, 자신과 타인과의 단절을 통해 다양한 해리장애(dissociative disorders)를 겪게 된다.

지적장애인들에게 다중인격장애의 예를 많이 보지 못하지만 해리장애의 예를 볼 수 있다. 어떤 지적장애인은 온전히 자기 자신을 느끼지 못한다고 이야기했다. 또 어떤 지적장애인은 자신이 다른 이름을 갖고 있는 전혀 다른 사람이라고 주장했다. 자라면서 아버지에 의해 상습적으로 성폭행을 당한 한 여성은 지역사회 단체에서 함께 살게 될 때 자신의 이름과 신분을 속였다. 그녀에 대한 과거 기록을 알고 나서 그 단체는 그녀가 전에 전혀 다른 이름을 갖고 있었다는 것을 알았다. 자신과 사회로부터 소외되고 단절된 사람들과 관계를 회복하기 위해서는 많은 시간과 인내가 필요하지만 이는 상당히 가치 있는 노력이며 종종 행동문제를 제거하는 열쇠가 된다.

애착장애

메리 아인스워스(Mary Ainsworth, 1973)는 발달심리학자 존 볼비(John Bowlby)의 연구를 바탕으로 영아와 어머니 또는 주양육자 간의 애착과 유대관계를 연구했다. 그녀는 영아와 주양육자와의 관계를 미래의 모든 관계에 대한 모형이라고 보았다. 특히 그녀는 일관되지 않은 애착 유형이나 자녀의 요구에 대한 양육자의 민감도가 수시로 변해서 결국은 안정화되지 못한 애착 유형에 대해 눈여겨보았다. 아이들은 자라면서 애착이 일관되지 않을 때 불안정한 행동 패턴을 보였고, 애착이 약하거나 존재하지 않을 때는 회피적인 행동 패턴을 보여 주었다. 다시 말해 영아기의 경험은 개인이 세상에서 타인을 신뢰하고 유대감을 형성하는 정도에 영향을 미쳤다.

코카인 중독이나 만성 알코올 중독 어머니와 같은 불안정한 환경에서 태어난 지적장애인들은 어머니와 친밀한 유대관계를 형성할 가능성이 낮다. 따라서 태아기 코카인 노출이나 태아 알코올 증후군(Fetal Alcohol Syndrome: FAS) 아동들은 생애 첫 해에 어머니로 인해 어려움을 겪으며, 훗날 타인과 유대감을 갖거나 신뢰감을 형성하는 것이 힘들 수 있다. 또한 유전장애가 있는 영아를 둔 일부 어머니는 자녀로부터 한발 물러나서 비탄해하는 시간을 갖기도 한다. 이러한 생애 초기의 경험은 타인과의 유대감과 신뢰감 형성을 저해한다.

그리고 이러한 애착문제에 트라우마 경험이 중복될 수 있다. 그 조합은 불안정한 가정과 지적장애가 있는 아동이다. 이것은 타인과 강한 유대관계를 맺지 못하고 신뢰에 어려움을 겪게 하는 지름길이다. 애착문제는 여러 형태를 취할 수 있다. 예를 들어, 주변의 관심에 만족하지 못하여 지나치게 관심을 끌려 하는 성인은 애착이 안정되지 않는 경우 관심을 얻기 위해 위험한 상황을 만들어 낼 수 있다. 애착이 거의 없이 성장한 경우에는 회피적인 사람이 되어 아무도 신뢰하지 않는 사람이 된다.

애착과 관련된 문제는 한 개인이 성인으로 성장하는 과정에서 어려움을 야기한다. 몇몇 학자들은 그것이 성인의 생활 방식 모든 측면에 영향을 미친다고 본다. 펠루소, 펠루소, 버크너, 케른, 컬레트(Peluso, Peluso, Buckner, Kern, & Curlette, 2009)는 생애 첫 1년 동안 확립된 애착 패턴이 성인기의 삶과 생활 방식에 영향을 준다고 하였다. 그들은 사람들이 이러한 패턴을 극복하고 성장해 나아갈 수 있는 방법을 탐구하기 위해 더 많은 연구를 제안했다.

지적장애인은 불안정과 회피성 애착장애 둘 다를 가지고 있을 가능성이 매우 높다. 이것은 평생 불안이나 불신 또는 경우에 따라 두 가지 모두의 패턴을 갖고 있기 때문에 다른 사람과 유대를 맺는 것이 위태롭다. 그런 사람들을 어떻게 도울 수 있을까? 종사자들이 지적장애인과 유대관계를 맺고 지적장애인이 서로 유대관계를 형성하도록 독려하는 것이 중요하다. 고립된 사람들은 트라우마에 기반한 경험에서 회복되지 못한다.

연대감 구축을 위한 종사자 교육

현재 지적장애 분야에서는 종사자들에게 지적장애인들의 행동을 통제하고 형성하며 수정하도록 가르친다. 대신에 우리는 종사자들에게 지적장애인과 관계를 형성하고 안전하고 치유가 되는 관계를 제공함으로써 지적장애인의 어려움과 트라우마 경험에서 회복되는 것을 도울 수 있다. 또한 종사자들에게 지적장애인이 다른 사람과 우정이나 특별한 관계를 맺을 수 있도록 돕는 것을 가르칠 수 있다. 종사자를 이러한 방향으로 훈련하여 함께 일하는 지적장애인과 건강하고 의미 있는 관계를 구축하는 것을 배울 때, 행동문제가 분명하게 감소된다는 것을 확인할 수 있다. 만약 우리가 종사자들에게 우정, 사회적 관계, 그리고 지적장애인 간의 남녀관계가 가능하도록 가르친다면 행동문제는 훨씬 더 줄어들 것이다.

그렇다면 종사자를 어떻게 가르칠까? 첫째, 종사자들은 목표를 달성하도록 일하는 것이 아니라, 사람들의 삶의 문제에 대한 대화에 귀기울이도록 함께 일하는 지적장애인들과의 관계를 위해 매일매일 일하는 시간을 가져야 한다. 우리는 종사자들에게 적극적인 경청을 하는 능력을 훈련시킬 수 있다. 관계형성 기술 또한 훈련시킬 수 있다. 나는 이러한 교육을 여러 해 동안 실시해 왔으며, 관계와 경청기술의 실행을 지원하고 장려하는 행정적인 관리교육이 있을 때 종사자들이 이러한 기술을 비교적 쉽게 습득하고 실행할 수 있다는 것을 항상 발견했다.

둘째, 종사자들은 민감성 훈련을 받아야 하며 이 세상에서 지적장애를 가지고 산다는 것이 어떤 기분인지 잘 인식해야 한다. 종사자들은 민감성 훈련 경험을 통해 공감하고 이해하도록 훈련되어야 한다. 나는 그러한 교육을 반복적으로 실시했고 다양한 교육 배경을 가진 종사자들이 지적장애와 관련된 트라우마를 공감하고 이해하는 법을 배울 수 있다는 것을 발견했다. 종사자가 어느 정도의 공감 수준에 이르게 되면 자연스럽게 지적장애인과 일하는 모습은 매우 달라진다.

마지막으로, 종사자들은 지적장애인이 동료들과의 관계를 형성하는 것을 도울 수 있는 기술을 훈련받아야 한다. 종사자들이 사회적 코치가 되도록 배울 수 있다. 코칭 모델은 매우 효과적이다. 종사자들이 코치로서의 역할을 감당할 때, 그들은 지적장애인들이 사회적 관계를 형성하는 것을 육성하고 지원할 수 있다. 코칭과 배려하는 종사자와의 관계, 동료관계의 맥락에서 지적장애인은 자신들이 갇혀 있을지도 모르는 과거 트라우마의 영향에서 벗어나 치유를 시작할 수 있다.

심리학자와 관리자가 종사자에게 훈련과 일상 업무를 통해 지적장애인의 행동을 돕는 방법은 지적장애인이 다른 사람들과 연결되도록 돕는 것이라고 안내해 준다면 행동문제는 줄어든다. 이 분야에서 일하는 우리 모두는 상호작용을 우선시하지 않고 친밀하지 않은 종사자와는 대조적으로 긍정적이고 친밀함을 보이는 종사자에게 지적장애인이 매우 다르게 행동한다는 것을 알고 있다. 종사자와 지적장애인의 관계는 매우 중요하다. 그리고 매우 필수적인 관계 형성 기술은 종사자에게 가르칠 수 있다. 지적장애인들 또한 의미 있는 사회적 네트워크를 가지고 있을 때 그들의 삶에서 훨씬 더 많은 의미와 희망을 갖게 된다(Seligman, 2011).

종사자의 문제가 아니다. 그들은 우리가 그들에게 전하는 지시를 반영한다. 심리학자가 종사자들이 행동을 통제하기 위해 기술을 사용해야 한다고 전달하면 종사자들은 통제력을 갖게 되고, 이것은 종종 힘겨루기로 이어진다. 만약 관리자가 지역사회 주거 및 주간 프로그램에 대한 우선순위는 모두 돈과 수익에 관한 것이라는 메시지를 전달할 경우, 종사자들은 자신과 함께 일하는 지적장애인을 중요하게 생각하지 않고 오로지 수익원으로 볼 수 있다. 관리자와 심리학자가 종사자들이 의미 있는 관계를 형성하고 동료관계를 만들어 가는 데 도움을 줌으로써 많은 사람의 삶을 변화시키고 있다는 메시지를 보낸다면 종사자들은 대체로 좋은 관계를 형성할 것이다. 주디스 허먼(1997)이 주장한 것처럼 사람들은 고립된 관계가 아닌 관계의 맥락 안에서 치유하게 된다.

치료

이 사회에서 트라우마는 지적장애인의 경험에 내재되어 있을 수 있지만 샤피로(Shapiro, 2001)가 제시한 작은 트라우마와 큰 트라우마의 차이를 생각했을 때 확인된 큰 트라우마 경험을 가진 사람이라면 전문치료사에게 치료를 받는 것이 매우 중요하다. 이 경험은 강간에서 성추행에 이르기까지의 모든 종류의 성적인 학대와 사랑하는 사람의 갑작스럽거나 트라우마적인 죽음, 사고 또는 재난의 경험, 가족으로부터 버림받음과 모든 종류의 신체적 학대를 포함한다. 이러한 트라우마를 치료하는 이상적인 치료사는 지적장애인과 함께 일한 경험이 있어야 한다. 또한 치료사는 각 회기마다 일정 부분이나 4~5번의 회기 중 한 번은 지적장애인과 가장 밀접하게 일하는 종사자를 포함시키는 것이 중요하다.

지적장애인을 대상으로 다양한 방식의 치료를 실시한 결과, 병원 환경에서 종사자들이 부분적으로 참여하는 것을 권장하게 되었다. 이러한 방식으로 각 개인이 갖고 있는 모든 문제를 밝혀낼 수 있고, 종사자와의 갈등이나 가정문제를 종사자와 논의할 수 있으며, 치료사는 자기옹호 및 갈등해결에서 지적장애인을 도울 수 있게 된다. 지적장애인과 함께 일할 경우, 치료사는 외부와 단절된 상태에서 일하지 않는 것이 중요하다. 종사자를 참여시켜 지적장애인과 종사자 간의 의사소통에 도움을 주는 것이 치료에 도움이 된다. 지적장애인이 치료사와 일대일 상담을 하는 것도 중요하다. 가족 구성원도 마찬가지이다. 가족 구성원이 회기에 함께 참여하는 것도 도움이 되지만 지적장애인과 단 둘이 시간을 보내는 것이 매우 중요하다.

만약 단체에서 치료를 의뢰한 경우, 단독으로 치료하지 않고 관련 종사자나 가족이 치료의 일부에 참여하고 후속 치료에도 도울 수 있는 것이 중요하다. 지적장애인과 함께 일한 경험이 있는 치료사는 아마도 이러한 필요성을 인지하고 있을 것이다. 또 다른 치료사들은 회기의 일부분 또는 대부분에 종사자나 가족을 포함하도록 요청해야 할 수 있다. 개인이 필요한 심리적, 정서적 수준에 따라 치료를 받는 것이 매우 중요하다. 이것은 안전감, 연대감, 권한 부여를 형성하는 한 부분이다. 트라우마를 경험한 지적장애인은 심리치료적 관계 내에서 치료를 받고 치유가 시작될 수 있다. 치료 회기 안에서 이루어지는 안전감, 연대감, 권한 부여가 지속적으로 유지되고 구축될 수 있도록 종사자의 참여가 매우 중요하다.

나는 병원과 기관 모두에서 일한 적이 있다. 심리학자 및 치료사를 사내에 고용하여 행동문제를 해결하고 종사자를 훈련시키며 개인과 그룹 모두에게 상담할 수 있는 자원을 요청하는 지역사회 단체들을 존경하고 이들에게 감사한다. 내 경험으로 볼 때, 바로 이들이야말로 지적장애인이 치유되고 행복해질 수 있는 안전한 환경을 조성하는 데 있어 가장 오랫동안 지속적인 성과를 내는 단체들이다.

참고문헌

Ainsworth, M. (1973). The development of infant-mother attachment. In B. M. Caldwell & H. N. Ricciuti (Eds.), *Review of child development research* (Vol. 3, pp.1-94). Chicago: University of Chicago Press.

Herman, J. (1997). *Trauma and recovery*. New York: Basic Books.

Peluso, P., Peluso, J., Buckner, J., Kern, R., & Curlette, W. (2009). Measuring lifestyle and attachment: An empirical investigation linking individual psychology and attachment theory. *Journal of Counseling and Development, 87*.

Seligman, M. (2011). *Flourish*. New York: Free Press.

Smull, M. (1996). PDF available at http://www.allenshea.com/brochure.pdf

8

트라우마 기반
위기 예방

트라우마 평가

예방에 대해 먼저 말하지 않으면 위기 중재에 대해 말할 수 없다. 사실 가장 중요한 것은 이해하여 지원하고 예방하는 것이다. 우리는 종사자가 위기 중재보다 예방에 중점을 두도록 훈련시킬 수 있다. 예방에 대해 종사자를 훈련시키기 위해서는 먼저 각 개인을 파악해야 하고 각 사람들의 트라우마 촉발요인(trigger)을 이해해야 한다. 공식은 통하지 않는다. 위기예방은 지적장애인의 개별적인 정보를 근거로 해야 한다.

개개인의 배경을 아는 것이 매우 중요하다. 철저한 사회적 히스토리를 완성하여 종사자에게 제공해야 한다. 명백하게 밝혀진 것 또는 심증만 가는 경우라 할지라도 학대나 방임을 받았던 지적장애인의 경험은 가능한 한 자세히 검토되는 것이 중요하다. 이러한 정보는 종사자와 공유되어야 한다. 지적장애인과 함께 일하는 모든 종사자는 개인이 경험한 트라우마의 수준을 이해하고 트라우마를 경험한 사람들과 함께 일하도록 훈련을 받는 것이 매우 중요하다.

논의되어 온 바와 같이 모든 개인의 트라우마 경험은 다르며, 트라우마에 따라 손상의 정도가 다르다. 나는 기능평가보다 트라우마 수준과 피해수준을 평가하는 데 있어서 전문가들을 활용해야 한다고 생각한다. 전문가에 의해 수행되는 기능평가는 다른 사람들로 하여금 지적장애인이 가지고 있는 행동이 의도적이며 목적을 위한 수단으로 수행된다는 결론을 내리게 할 것이다. 트라우마 평가에서는 지금까지 견뎌 온 트라우마의 손상 수준, 트라우마 사건의 양과 빈도, 외상후 스트레스 반응의 유발요인 그리고 트라우마를 겪은 개인에게 무엇이 안전한지 명시되어야 한다.

임상전문가는 그 사람에게 안전감을 제공하고 지적장애인의 고유한 촉발요인이 무엇인지 확인하는 최선의 방법을 평가할 수 있어야 한다. 전문가는 지적장애인에게 관리자 몇 사람을 제공하거나 관리자에게 접근할 수 있는 권한을 주는 것만으로도 안전감을 확보하고, 종사자가 어떤 식으로든 안전하지 않을 경우 누군가 그를 도와줄 것이라는 것을 앎으로서 지적장애인에게 상당한 안심을 줄 수 있다.

훈련된 전문가가 만약 적절한 임상상담을 수행할 수 있다면, 트라우마의 징후 및 증상을 감지할 수 있어야 한다. 또한 여러 가지 방법으로 도움이 되고 이용할 수 있는 트라우마 평가도구도 있다. 나는 리처드 브라이언트(Richard Bryant)와 앨리슨 하비(Alison Harvey)가 외상후 스트레스장애(Posttraumatic Stress Disorder: PTSD)를 식별하고 개인이 겪고 있는 트라우마와 스트레스의 수준을 평가하기 위해 만든 지침서인『급성 스트레스장애(Acute Stress Disorder)』(2000)를 추천한다. 외상후 스트레스장애에 대한 전통적인 평가는 지적장애인과 함께 일한 경험이 있는 치료사만이 수정할 수 있다. 외상후 스트

레스장애에 대한 평가는 문제행동이 있는 지적장애인들을 다루어
본 사람만이 할 것을 권장한다.

정신건강계획

지적장애인의 트라우마 반응을 촉발하는 사건, 대상, 상황 또는 사
람들을 나열하여 종사자에게 알리는 것이 중요하다. 자격 있는 전문
가가 행동관리계획이나 행동지원계획보다는 정신건강계획을 작성
할 것을 제안한다. 이 책의 후반부에 정신건강계획의 견본(template)
을 설명하고 있다. 지적장애인의 정신건강계획은 무엇보다 개인의
트라우마 반응을 촉발하는 기제를 평가하고, 안전하다고 느끼기 위
해 필요한 것이 무엇인지 정의해야 한다.

예를 들어, 만약 존(John)이 10대 때 살았던 기관에서 종사자에게
신체적으로 학대를 당했고 집안일을 제대로 하지 않은 후에 학대가
일어났다면 종사자는 정신건강계획을 통해 존이 위협을 느끼지 않
고 감사하다고 느끼는 방식과 트라우마 반응을 촉발하지 않는 방식
으로 어떻게 집안일을 완성하도록 요청해야 하는지 알아야 한다. 나
는 종사자가 한 사람이 행한 집안일을 비판함으로써 다른 사람의 트
라우마 반응을 촉발하는 것을 자주 보아 왔다. 다른 상황에서 그러
한 대응은 과잉반응으로 간주될지 모른다. 그러나 지적장애인의 경
우, 반응을 촉발한 종사자의 요청을 선행사건으로 보고 불이행에 대
한 행동계획을 작성하는 대신 불이행의 문제를 넘어 정서 기반 트라
우마 반응으로 보는 것이 중요하다.

어떤 사람들은 소음에 굉장히 민감하다. 트라우마를 경험한 사람

들은 종종 과민하고 쉽게 놀라며 끊임없이 문제나 위험의 징후를 발견하여 긴장을 풀지 못하는 경우가 많다. 이러한 과민성은 지적장애를 가진 사람에게 많이 나타나는데 이들은 정신의학적 불안장애를 가지고 있는 것으로 보인다. 위험이 없는 경우에도 스스로 자신을 보호해야 하기 때문에 안전에 대한 경계심이나 주의를 고집스러울 정도로 기울인다. 이것은 트라우마가 있을 때 흔히 나타난다(Van der Kolk, McFarlane, & Weisaeth, 1996). 학대하는 종사자와 함께 지낸 경험이 있는 지적장애인들은 때때로 종사자 배치 및 패턴, 그리고 종사자의 변경 가능성에 대해 매우 우려하고 심지어 집착하기도 한다. 지적장애인들이 안전한 종사자와 함께 있다는 것을 확인하고 그들의 집에 채용된 종사자에 대한 정보를 아는 것은 중요하다. 지적장애인이 집에서 본인에게 어떤 행동을 요구하는 낯선 사람과 인사하는 것은 매우 불안할 수 있다. 이것은 어느 누구도 원하는 경험이 아닐 것이다. 정신건강계획에는 안전 문제 및 개인이 특별히 염려할 수 있는 사항, 또는 경우에 따라 과잉 각성이 일어날 수 있는 상황에 대한 부분을 포함해야 한다. 이와 같이 구체적이고 세부적인 사항을 알려 주는 것은 지적장애인에게 새로운 종사자와 상황을 소개하기 위한 가장 좋은 방법이 될 수 있다.

준전문가 상담

종사자가 적절하게 훈련되면 매우 초보적 형태의 준전문가 상담에 참여할 수 있다. 이 훈련은 주로 임상전문가가 가르치는 적극적인 경청기술에 중점을 두어야 한다. 만약 우리가 이 부분을 종사자에게 훈련시키지 않는다면, 종종 그들은 익숙한 상호작용의 방법으로 되돌아간다. 따라서 우리는 '부모' 모드와 '좋은 고객 또는 나쁜 고객' 모드를 가지고 있으며, 그러한 모드는 비효과적이고 최악의 경우 해롭고 심지어 가혹하기까지 하다. 우리는 종사자가 일을 시작할 때 적극적인 경청기술을 이해하고 활용할 수 있도록 훈련시켜야 한다. 이러한 기술에는 몸짓 언어, 의도적인 눈 맞춤, 의사소통 방식에 대한 인식을 포함하며, 의사소통 방식은 반영하기, 다른 말로 바꾸어 표현하기, 공감하기, 격려하기, 개방형 질문으로 탐색하기를 차례대로 포함해야 한다. 종사자는 지적장애인이 자신의 감정을 표현하고 정서를 표출하는 데 도움이 되도록 성급하게 판단하거나 조언하려 하지 말고 무엇보다도 먼저 경청기술을 사용하도록 가르쳐야 한다.

다음으로 종사자는 기본적인 문제해결 능력을 훈련받아야 한다. 이 기술에는 문제를 정의하고 지적장애인과 함께 해결책을 만들며 지적장애인이 행동의 방향을 선택하는 데 도움을 주는 방법이 포함된다. 마지막으로 종사자는 지적장애인의 후속조치 및 지원에 대한 훈련을 받아야 한다. 이것은 석사학위가 필요 없는 기본적인 기술이다. 문제는 종사자가 적절한 경청기술 및 문제해결을 위한 훈련을 받지 않고 지적장애인과 온종일 상호작용한다는 것이다. 그렇기 때문에 종사자는 치료적이거나 생산적인 것이 아닌 생각나는 대로 행동한다. 관리자와 전문가는 종사자가 적절한 상호작용 기술을 갖추고 있는지 확인하는 책임을 가져야 한다. 이것은 전문가에 의해 수행된 훈련을 통해 가능하다. 또한 전문가들은 종사자가 해서는 안 되는 일에 대해 훈련에서 명확히 알려 주어야 한다. 예를 들어, 개인적인 의견을 제시하지 말고 실제 치료에도 참여하지 않는 것이다. 종사자는 전문가 상담과 준전문가 상담의 차이와 전문치료사의 도움을 구해야 할 때를 잘 알도록 가르칠 필요가 있다.

　종사자에게 이 훈련을 제공함으로써, 정신건강계획은 지원이 필요한 지적장애인을 위해 매일 체계적으로 마련된 경청시간과 대화시간을 포함할 수 있다. 종사자가 매일 20분 정도 한 명의 지적장애인에게 전적으로 시간을 할애할 수 있다. 시간 할애는 가정의 일정과 개인의 선호에 따라 퇴근 후 또는 저녁 식사 후에 집에서도 할 수 있다. 이것은 과거에 어떤 종류가 되었든 트라우마 경험이 있는 지적장애인들에게 필수적이다. 매일 그들은 누군가가 자신의 말을 듣고 있고, 누군가가 그들이 겪고 있는 일에 대해 신경을 쓰고 있다는 것을 느껴야 한다.

　지적장애인의 말을 듣고 그들이 감정을 처리하도록 문제에 대한 해결책을 강구하는 것은 중요한 예방 조치이다. 종종 우리가 목격하는 행동문제들은 축적되고 표현되지 않았던 정서를 기반으로 하여 촉발된다. 주디스 허먼(Judith Herman, 1997)이 언급한 '복합 트라우마'로 고통을 받아 온 지적장애인들은 정서적 지뢰밭과 같다. 그들은 감정이 오랫동안 쌓여 왔기 때문에 폭발이 일어날 때 자신을 진정시킬 수 없다.

　만약 지적장애인이 감정을 표현할 수 있도록 그들에게 도움이 되는 방식으로 말을 경청할 수 있게 종사자를 교육한다면 매일 감정을 해소하는 데 도움이 되고, 감정이 쌓여서 트라우마가 촉발되어 큰 폭발이 일어날 가능성은 크지 않다. 인간의 삶의 일부이자 직접적인 돌봄의 중요한 측면에는 지적장애인이 느끼는 감정이 무엇인지 경청하는 것이 포함된다. 지적장애인이 말을 하지 않을 때조차 우리는 여전히 그들이 사용하는 언어를 경청해야 한다. 존 맥기(John McGee)는 『부드러운 교육(Gentle Teaching)』(1987)에서 비록 언어가 아닐지라도 개인을 이해하고 그들과 대화하는 것에 대해 기술했다. 매일 적어도 20분 정도를 함께 일하는 지적장애인에게 온전히 집중하여 이해하고 듣는 데 사용하는 것이 중요하다. 이와 같은 일관된 행동은 행동문제를 크게 줄인다.

정신의학과와 협력

나는 지적장애인이 불안해하는 것을 종사자가 알아차렸음에도 다른 사람과 상담 없이 정신과 의사와 약속을 잡아 약 복용량을 늘리는 악순환을 여러 번 목격한 적이 있다. 지적장애인은 일반적으로 약물 복용량 증가로 인해 체중이 늘어나고 무기력해지며, 부정적인 행동을 보이지는 않지만 아무것도 하지 못하게 된다. 그 사람은 돌처럼 가만히 있기에 많은 일을 할 수 없다.

종종 지적장애인은 실제로 정서적 문제를 겪고 있기 때문에 불안해하거나 행동상 어려움을 갖고 있다. 심지어 외상후 스트레스장애 증상을 경험하고 있을 수 있다. 어느 경우든 지적장애인은 의약품에 의한 중재보다 치료적 중재가 더 많은 이점을 줄 수 있다. 문제가 있다는 것을 기관 관리자와 전문가들이 알았다면 치료적 중재를 가능하게 했을 것이다. 많은 경우, 직접 돌봄 종사자는 임상 결정을 내리는 정신과 의사에게 그러한 결정에 필요한 배경정보 없이 약물 증가를 유도하는 정보를 제공하고 있다.

예방 문제를 다룰 때 종사자가 나머지 팀과 협력하여 정신과 의사에게 정보를 제공하도록 훈련받는 것이 중요하다. 이 정보에는 수면 패턴, 식사 패턴, 특정 활동에 대한 관심의 증가 또는 감소, 위생, 발화 및 대화의 양, 업무 및 주간 성과에 대한 기록이 포함되어야 한다. 종사자가 지적장애인과 성격차이로 불화가 일어났을 때에도 지적장애인의 일방적인 동요로 보고되는 경우가 있다. 정신질환의 문제는 존재한다. 그러나 예방의 일부는 직접 돌봄 종사자가 직접 돌봄 종사자가 정신과 의사에게 제대로 된 자료와 지적장애인에게 올바른 약을 처방하는 데 필요한 정보를 제대로 제공하도록 훈련시키는 것이다.

이것은 작은 문제가 아니다. 잘못된 약을 복용한 사람은 심각한 행동문제를 겪을 수 있고 더 큰 불안을 보일 수 있다. 과도한 약물이나 부적절한 약물을 복용하는 사람도 심각한 의학적 위험에 처할 수 있다. 적절한 정신과 치료를 위해서는 직접 돌봄 종사자와 팀원의 정확한 정보제공이 필요하다. 정신과 의사는 외부와 단절된 상태에서 일할 수 없다. 따라서 정보는 매우 중요하다. 정신과 의사가 효과적으로 처방하기 위해서는 정보가 정확하고 적절해야 한다.

이 책의 앞부분에서 치명적인 약물의 영향으로 사망한 지적장애인들의 예를 들었다. 지적장애인을 돌보는 사람은 처방되는 모든 약물과 상호작용의 문제를 알고 있는 약국 및 약사와 친밀한 관계를 맺고 있는 것이 중요하다. 정신건강계획은 정신과 의사에게 보고해야 할 정보, 약의 용도, 개인의 정신건강 진단의 실제적 의미와 함의 등을 개략적으로 설명해야 한다. 직접 돌봄 종사자와 관리자 모두가 이 정보를 이해하는 것은 중요하다.

의사소통

카 외 연구진(Carr et al., 1997)은 의사소통이 지적장애인의 문제행동의 핵심이라고 주장했다. 연구자들에 의하면, 지적장애인과 함께 일하는 돌봄 종사자 사이에 의사소통이 잘 이루어지지 않을 때 문제 행동이 있었던 사람들의 사례가 많다. 종사자가 의사소통을 늘리고 라포를 강화함에 따라 그들이 대하는 지적장애인의 문제행동은 급격히 감소했다. 지적장애인이 말을 잘하지 않는 상황이라면 종사자가 다른 의사소통 방법을 찾는 것이 특히 중요하다. 허먼(1997)은 트라우마를 치료하기 위해서는 다른 사람과의 연결성이 중요함을 주장했다. 카 외 연구진은 이와 비슷한 주장을 하였다. 의사소통은 연대감을 증대시키고, 지적장애인과 종사자 간에 형성되는 '라포'는 치유하는 과정을 용이하게 하는 매우 중요한 연대이다.

🎙 쿠키

내가 일했던 기관에 거주하는 체구가 작은 한 여성은 무는 문제가 있었다. 그녀는 불안하거나 화가 나면 다른 사람을 물곤 했다. 쿠키(Cookie)는 두 차례에 걸쳐 나에게 달려들었다. 내가 처음 이 기관에 왔을 때, 쿠키는 심하게 물고, 때리고, 발로 차는 문제를 가지고 있었다. 당시 그녀는 기적적으로 갑자기 진정되었다. 해결책은 무엇일까? 거기에는 앤지(Angie)라고 부르는 재능 많은 종사자가 있었다. 앤지는 무엇을 했을까? 쿠키는 거의 말을 못하고, 자신의 이름만 간신히 말할 수 있다고 우리는 생각했다. 과거에 있던 종사자는 쿠키에게 소리를 지르며 이야기했고, 쿠키는 종사자의 말을 이해하더라도 말로 대답하지 않았다. 앤지가 쿠키에게 말을 걸자 그녀가 다시 말하기 시작했다. 앤지는 쿠키를 얼마나 사랑하는지 알려 주었다. 곧 쿠키는 앤지에게 "사랑해."라고 말하며 반응하기 시작했다. 쿠키는 물려고 하지 않고 대신에 키스를 하기 시작했다. 나는 쿠키가 앤 지와 함께 있을 때 사랑에 빠진 사람으로 변하는 것을 보았다. 쿠키 는 앤지와 의사소통하기 위해 매우 열심히 노력하면서 한 단어로 말 하기 시작했다. 결국 앤지는 쿠키와 이야기를 주고받을 수 있었다.

그러던 어느 날 유감스럽게도 앤지에게 법적인 문제가 생겼다. 나 는 그것이 무엇인지 알지 못했지만 앤지는 기관을 떠나야만 했다. 그러자 쿠키는 빠르게 퇴행했다. 나는 쿠키의 집을 방문했다. 그 곳 에서 종사자가 쿠키를 향해 모욕적인 태도로 말을 하고, 방에 있는 동안 쿠키와 함께 있어야 한다는 것에 대해 몹시 불평하는 것을 보았 다. 쿠키는 곧 그 종사자를 물기 시작했고, 이 종사자는 쿠키에게 이 전과 다르게 말하기 위해 필사적으로 노력했지만 여전히 피해를 입 었다. 쿠키의 문제행동은 되풀이되었다.

쿠키가 있는 주간 프로그램에서 우리는 종사자가 친절하게 이야 기하고, 배려와 사랑의 말을 사용하도록 가르칠 수 있었다. 쿠키는 비록 집에서는 문제행동이 계속되었지만 주간 프로그램에서는 다시 안정되었고 거기서는 무는 행동을 멈췄다. 앤지가 우리에게 보여 주 었던 것처럼 친절하고 배려 깊은 의사소통은 쿠키를 위한 최고의 치 료였다.

안전감

안정화와 마찬가지로 안전감도 예방의 핵심요소이다. 많은 지적 장애인은 최선의 방어가 공격이라고 믿고 있다. 자신이 안전하지 않 다고 인식하면, 다른 사람이 먼저 공격하기 전에 맹렬히 공격한다.

나는 이러한 경우를 여러 번 목격했다. 지적장애인이 새로운 상황에 처하거나 위험을 느낄 때 흔히 볼 수 있다. 지적장애인이 장소나 프로그램을 옮길 때는 친숙한 사람이 계속해서 관여하는 점진적인 전환이 중요하다.

　지적장애인은 과거에 학대나 방치를 경험한 적이 있는 상황에서 안전하다고 느끼지 못한다. 만약 지적장애인이 학대를 경험했던 기관에서 같은 상황에 방치된 경우라면 그 환경에 남아 있는 한 문제행동을 나타낼 가능성이 매우 높다. 그들은 다른 곳에 배치되어야 하고 이러한 변화에 지지를 받아야 한다. 메릴랜드가 최근 로즈우드 보호시설을 폐쇄했을 때, 15명의 사람들이 지역사회 기반 서비스를 위해 긴급 기관으로 왔다. 이들 중 12명은 기관에 도착했을 때 심각한 문제행동이 있었고, 적어도 한 달에 한 번, 어떤 경우에는 매주 문제행동이 발생했다. 그러나 이후에 모두에게 문제행동이 현저하게 감소했다. 한 사람도 매달 문제를 일으킨 적이 없으며 12명 중 한 명은 최소 60% 이상 문제행동이 감소했다. 그 이유가 무엇일까? 학대가 발생했다고 주장하는 환경에 더 이상 살고 있지 않았기 때문이다. 그들은 올바른 절차를 따르지 않고 철저하게 감독하지 않는 종사자와 다른 사람들의 폭행에 취약한 20명 이상이 함께 있는 보호시설에 더 이상 살지 않고, 현재는 2명 이하의 사람과 함께 사는 가정환경에 있다. 메릴랜드 지역의 다른 기관들도 동일한 결과를 얻었다. 여러 해 동안 보호시설에서 생활하면서 엄청난 문제행동의 '평판'을 얻었지만, 지역사회에 배치되었을 때 더 이상 동일한 행동패턴은 나타나지 않는 지적장애인에 대한 사례가 거듭 언급되고 있다. 그리고 문제행동이 발생했을 때도 정도와 기간 모두에서 강도가 훨씬 덜했다.

안전하다고 느끼는 경험은 보호시설로부터 전환된 사람에게 엄청난 영향을 미쳤다. 지적장애인들은 종사자의 지원을 받았고, 지역사회 기관의 관리와 행정에 의해 지원받아 왔다. 그들은 일상적으로 자신의 안전이 확보된 곳에서 견제와 균형을 인식하게 되었다. 그것은 엄청난 차이를 만들었다.

연대감

7장에서 논의한 바와 같이 타인과의 연결은 트라우마에서 치유되는 데 매우 중요하다. 문제행동을 예방하기 위해 필요한 연대감은 세 가지 맥락에서 탐색되었다. 첫째, 치료, 둘째, 직접 돌봄 종사자의 준전문가적 상담과 적극적인 경청, 셋째, 친절하고 배려심 있는 사람과 의사소통을 통한 타인과의 연대감 보장이다.

권한 부여

예방은 상식 이상도 이하도 아니다. 힘겨루기를 피하라. 때때로 종사자는 규칙, 계획서 또는 제한에 지나치게 엄격하여 결과적으로 많은 문제가 발생할 수 있다. 지적장애인은 간혹 실수할 수 있는 권리가 있음을 기억해야 한다. 종사자가 부모의 역할을 담당하게 된다면, 종사자는 부모-자녀 간의 힘겨루기에 관여하게 될 가능성이 높다. 종사자가 코칭 모델을 가정하여 자신의 강점과 약점을 통해 지적장애인 스스로 최선의 결정을 내릴 수 있도록 지도하는 것이 가장 좋다.

허먼(1997)은 트라우마를 경험한 사람들이 종종 스스로 무력하다고 느낀다고 지적했다. 이러한 무력감은 더 심한 트라우마 반응을 유발할 수 있다. 지적장애인들은 빈번한 트라우마 경험으로 인해 무력감을 느끼거나 자신의 삶에 힘이 없다는 인식에 의해 트라우마가 더욱 촉발될 수 있다. 이러한 인식은 힘겨루기 안에서 일어날 가능성이 높다. 지적장애인들의 트라우마 반응은 문제행동으로 보일 수 있지만 실제로는 지적장애인이 힘을 잃거나 잃을지도 모른다는 공포 때문에 일어날 수 있다.

긍정적 정체성 개발

이전의 책(Harvey, 2009)에서 지적장애인이 자신이 누구인지에 대해 긍정적인 인식을 개발하도록 돕는 것이 중요하다고 강조했다. 그책은 주로 임상의들을 위한 것이었지만 지적장애인들과 함께 일하는 누구에게나 적용된다. 우리는 종종 자신의 관점에 따라 행동한다. 만약 우리가 말썽꾸러기로 여겨진다면, 실제로 문제를 일으키기 위해 자신을 내던질지도 모른다. 우리 중 다수는 전문가가 되었을 때 옷을 다르게 입기 시작하거나, 언어를 가다듬거나, 더 체계화하는 등 행동을 바꿨다. 우리는 부모가 되면 우리의 역할을 부모의 역할로 전환한다. 우리는 더 이상 불필요한 위험을 감수하지 않고 모든 활동을 완전히 합법적으로 하거나 더 책임감 있게 행동했다. 그것은 정체성의 변화로 인해 행동이 변하는 예들이다.

지적장애인들은 자신의 정체성 변화로 인해 행동에서도 주도적인 변화를 만들 수 있다. 외부나 지역사회 일을 하는 지적장애인들이라면 그들은 낮 동안 행동하는 방식을 바꿀 수 있다. 예를 들어, 직장에서의 역할을 통해 갈등을 다르게 해결하고, 신체적 또는 언어적 변화를 의식적으로 피할 수 있다. 그들은 여자친구나 남자친구가 된 후 사회적 행동을 변화시킬 수 있고 말을 더 잘하고 눈을 더 잘 마주치며 심지어 위생적으로도 더 나은 선택을 할 수 있다. 이러한 긍정적인 역할 변화는 종사자에 의해 지지되고 격려되어야 한다. 세상에서 긍정적인 정체성은 의미 있는 삶을 만드는 데 필수적이다. 또한 행동 변화의 효과적인 방법이기도 하다. 의사가 지시한 다이어트를 한 적이 있는 사람이라면 누구나 알 수 있듯이, 내부에서 오는 변화는 외부에서 부과된 변화보다 훨씬 더 지속될 가능성이 높다. 내면으로부터 오는 변화는 자신을 다르게 보는 것에 기초한다.

예방

요약하자면 관리자, 심리학자, 훈련가들이 지적장애인과 직접적으로 일하는 종사자에게 위기관리가 아니라 예방이 우선적인 운영 방식이라는 메시지를 전달하는 것이 매우 중요하다. 종사자가 사고를 예방하도록 훈련을 받으면 사고는 더 자주 예방된다. 만약 종사자가 위기 개입에 중점을 두도록 훈련을 받으면 위기가 발생한다. 이것은 나의 경험이다. 많은 기관은 자신도 모르는 사이에 위기에 집중하게 된다. 종사자는 위기 개입에 대해 반복적으로 훈련을 받으며 예방은 나중에 생각한다.

우리는 문제행동의 예방에 중점을 두는 새로운 접근법을 사용해야 한다. 정신건강계획은 종사자가 정신건강을 증진시키기 위해 지적장애인과 함께 협력하는 데 도움이 된다. 이와는 반대로 행동관리계획, 심지어 행동지원계획은 지적장애인의 문제행동에 지나치게 초점을 맞추고 있다. 이 초점 자체가 문제다. 안정화, 행복, 예방을 포함한 정신건강에 초점을 맞추면 위기의 발생은 의심할 여지 없이 줄어들 것이다.

참고문헌

Bryant, R. A., & Harvey, A. G. (Eds.). (2000). *Acute stress disorder: A handbook of theory, assessment, and treatment.* Washington, DC: American Psychological Association.

Carr, E. G., Levin, L., McConnachie, G., Carlson, J., Kemp, D., & Smith, C. (1997). *Communication-based intervention for problem behavior: A user's guide for producing positive change.* Baltimore, MD: Paul H. Brookes.

Harvey, K. (2009). *Positive identity: An alternative treatment approach for individuals with mild and moderate intellectual disabilities.* Kingston, NY: NADD Press.

Herman, J. (1997). *Trauma and recovery.* New York: Basic Books.

McGee, J. (1987). *Gentle teaching: A nonaversive approach for helping persons with mental retardation.* New York: Human Sciences Press.

Van der Kolk, B., McFarlane, A., & Weisaeth, L. (Eds.). (1996). *Traumatic stress: The effects of overwhelming experience on mind, body, and society.* New York: Guilford Press.

9
트라우마 기반
위기 중재

트라우마 반응은 이전에 경험한 트라우마 사건으로부터 저장된 감정을 불러일으키는 촉발요인(trigger)이나 위협 또는 위험에 대한 인식을 통해 투쟁-도피 반응에 내몰릴 때 나타난다. 이러한 투쟁-도피 반응이나 변연계가 활성화된 상태에서는 합리적 의사결정과 충동조절을 모니터링하는 집행기능과 같은 더 높은 인지시스템이 정지된다. 그 결과 사람들은 이성적으로 생각하지 못하게 된다. 당면한 과제는 개인이 투쟁-도피 반응에서 벗어나 이성적인 작동방식으로 되돌아갈 수 있도록 돕는 것이다(Siegel, 2010).

신체적인 통제는 도움이 되지 못한다. 많은 사람, 특히 신체적 학대를 받은 사람들은 신체적 통제를 통해 오히려 트라우마가 재연된다(Dressler, 2007). 통제를 하는 사람이 아무리 의미 있는 행동을 할지라도 신체적 통제는 실제로 그 행동 사건이 처음 시작되었을 때보다 훨씬 더 큰 위협과 위험을 느끼게 할 수도 있다. 오히려 마음을 진정시키기보다 더 열심히 싸우고 자유를 얻기 위해 더 집중한다. 완전히 포기하고 나면 겉으로는 진정될지 모르지만, 그들의 의지와는 반대로 억눌리고 무력감을 느끼는 정서적 손상을 입게 된다. 복합 트라우마는 더 많은 손상을 입힌다.

복합 외상후 스트레스장애

허먼(Herman, 1997)은 '장기적이고 반복적인 트라우마에 따른 증후군'을 설명하기 위해 '복합 외상후 스트레스장애(complex PTSD)'라는 진단명을 제안했다(p. 119). 학대를 경험한 사람들은 위협을 느낄 때, 투쟁–도피 반응이 작동되어 학대에 대응하고 그 결과 반복적으로 억압된 후 복합 외상후 스트레스장애를 경험할 가능성이 매우 높다. 복합 트라우마는 신체적인 통제가 반복되는 트라우마로 인해 발생한다. 통제하는 사람들은 종종 지적장애인보다 훨씬 더 큰 존재이며 종사자로서의 역할 때문에 더 힘이 있는 존재이다. 따라서 지적장애인은 완전히 무력해지고 자신을 통제하는 사람에게 휘둘리게 된다. 이것 자체가 트라우마이다.

수년 동안 보호시설에 있었고 충동조절에 어려움을 수반하는 뇌손상이 있는 지적장애인들은 종종 반복적으로 통제당하는 자신을 발견한다. 나는 지적장애와 전두엽 손상을 동시에 가진 사람과 일을 했었다. 그는 오랜 기간 한 보호시설에 있으면서 많은 통제를 겪은 후 내가 일했던 기관으로 오게 되었다.

마크

마크(Mark)는 내가 치료사로 일하는 곳의 주간 프로그램에 참석했다. 그 프로그램은 지적장애와 정신건강 문제에 대한 이중진단을 받은 사람들을 위해 특별히 고안되었다. 마크는 프로그램에 참석한 지 일주일밖에 안 되었고 나는 그와 단 한 번의 회기를 함께 했다. 그가 프로그램에 참석하는 동안 지적장애인들을 위한 지역 보호시설에 계속 거주했다. 주정부 평가단들은 그가 너무 '위험'해서 지역사회에 거주하기 힘들다고 판단했다. 한 번의 회기에서, 마크는 할머니에 대한 애착과 몇 달 전 할머니의 죽음이 그에게 어떤 영향을 미쳤는지 말하기 시작했다.

나는 그날 마크가 테이블을 머리 위로 들고 호의적인 종사자를 향해 인종차별적 비방을 퍼붓는 것을 발견하고 교실의 한쪽으로 걸어갔다. 분명 그 종사자는 마크에게 그의 행동이 아무 일 없이 지나갈 수 있는 것이 아니라 책임을 져야 할 일이며 필요하다면 그를 제지할 수밖에 없다고 말했다. 그런 다음 그 종사자는 마크에게 가족에 대해 물어보기 시작했다. 이것은 마크에게 너무 과했다. 마크는 최근 할머니의 죽음에 대한 정서적 트라우마를 떠올리게 하는 종사자의 언어적 폭력에 위협을 느끼고 있었다. 마크는 큰 싸움을 준비하듯 테이블을 들고 있었다. 나는 마크를 공감하는 말을 하면서 다가갔다.

"저쪽으로 비켜!" 마크는 나에게 으르렁거리듯 말했다.

"마크! 무엇이 당신을 괴롭히고 있나요?" 나는 신중하게 공감하면서 물었다. "할머니가 보고 싶으신가요?"

순간 마크는 울음을 터뜨리며 흐느껴 울기 시작했다.

"종사자는 당신이 겪은 모든 일을 알지 못해요." 나는 계속해서 말을 이어갔다. "마크는 할머니를 잃었고, 할머니를 정말로 그리워하는 것 같아요." 나는 마크와 함께 듣고 있는 종사자에게 말했다.

마크는 테이블을 내려놓았다.

"가엾은 마크! 그동안 당신이 겪은 힘든 일들을 왜 종사자에게 이야기하지 않았나요?" 나는 말했다. 마크는 종사자에게 할머니의 죽음에 대해 말하기 시작했다. 종사자와 나는 오랫동안 마크의 말에 귀를 기울였다. 그 후, 우리의 위기 중재 라인은 항상 "당신을 괴롭게 하는 것은 무엇입니까?"였다.

위기 중재 시 이렇게 물어보는 것은 항상 사람을 진정시켜 준다. 이것은 분노 밑에 있는 감정, 곧 두려움, 불안, 슬픔을 확인할 수 있게 한다. 때때로 지적장애인은 절망적인 문제에 직면하여 좌절감을 갖는다. 이러한 질문을 할 때 그들은 문제를 쏟아낼 수 있고, 긴장을 완화하는 동안 우리는 신속하게 문제해결에 참여할 수 있다. 가장 중요한 것은 그 질문이 지적장애인들을 잠시 멈추고 생각하게 할 것이고, 투쟁-도피, 변연계 체계보다 더 높은 차원의 인지를 활성화시킬 것이다. 질문이 위협적이지 않고 관심만 있을 때 이는 지적장애인으로 하여금 잠시 멈추어 생각하도록 만들며 전환하게 한다.

허먼(1997)의 모델로 돌아가서, 위기 중재에서 달성하고자 하는 세 가지 요소는 안정화, 예방에서 확보해야 하는 요소와 동일한 안전감, 연대감, 권한 부여이다. 개인이 투쟁-도피 반응에서 완전히 벗어나려면 먼저 안전하다고 느껴야 한다. 안전하다고 느끼게 하려면 먼저 갈등이 시작된 장소에서 지적장애인을 내보내거나 그 장소에서 다른 사람들을 내보내는 것이 될 수 있다. 사람은 누군가와 긍정적으로 연결되어야 한다. 위로가 되는 사람이나 좋은 관계를 맺고 있는 사람이 존재해야 한다. 연대감은 지적장애인의 부교감 신경계를 활성화시키고 더 빨리 진정되도록 도우며 회복하는 데 많은 기여를 할 것이다. 마지막으로 지적장애인의 힘이 어느 정도 회복되어야 한다.

이것은 그 사람을 화나게 할 수 있는 문제를 해결하는 데 도움을 주거나, 지적장애인에게 간단한 선택권을 줌으로써 가능하다. 선택의 부족은 무력감의 또 다른 형태이다.

진정시키기

위기 중재에 대한 가장 좋은 단어는 '진정시키기(deflation)'이다. 뜨거운 공기는 어떻게 방출할 수 있을까? 종사자가 개인을 제지하거나 통제할 필요 없이 어떻게 하면 그 사람과 상황을 진정시킬 수 있을까? 종사자는 통제력을 행사하기보다 진정시키는 코치의 역할을 해야 한다. 종사자를 위한 10가지 조언은 안전감, 연대감, 권한 부여의 세 가지 요소를 실제적인 방식으로 통합하고 물리적 개입을 피할 수 있도록 도와준다.

1. 목소리를 낮추고 당신의 얼굴에 관심을 표현한다.
2. 목소리에 친절을 담아 "'정말' 무엇이 잘못되었나요?"라고 묻는다.
3. 그 사람에게 "같이 걸어 볼까요?" 또는 "정확히 무슨 일이 있었는지 말해 주세요."와 같은 제안으로 부드럽게 진정시키며 해당 장소나 분노의 대상으로부터 멀어지게 한다.
4. 어떤 일이 있어도 두려움이나 분노를 표현하지 않는다. 반응하는 사람은 폭발하려고 하는 지적장애인이 완전히 정상적인 행동을 하는 것처럼 행동해야 한다. 우리가 당황하면 화가 난 사람은 훨씬 더 통제할 수 없는 기분을 느낀다.

5. 그 사람이 가장 안전하다고 느끼는 종사자나 가장 가까운 사람
   이 옆에 있는지 확인하고 그 사람과 곧 대화를 할 수 있게 될 것
   이라고 안심시킨다.

6. 특별한 문제가 있다면 해결책을 도출하는 데 도움을 줌으로써
   그 사람에게 희망을 준다. "곧 담배를 구할 수 있어요. 관리자
   에게 당신의 집에 있는 종사자한테 전화해서 가져 오라고 요청
   하면 어떨까요?" 또는 해결의 희망을 가져다 주는 건 무엇이든
   가능하다. 이 과정에서 지적장애인이 선택할 수 있도록 몇 가
   지 선택사항을 포함해야 한다. 예를 들면, "지금 전화해서 가정
   담당자를 오라고 할 수도 있고, 아니면 [종사자인] 린다에게 담
   배를 빌려 줄 수 있는지 물어보고 내일 갚아 줄 수도 있어요."

7. 지적장애인이 신체적으로 하고 싶은 말을 다른 방법으로 할 수
   있도록 도와준다. 내가 일했던 한 프로그램에서 지적장애인들
   은 종사자에게 억압을 당했고 그 결과 종종 종사자에게 신체적
   인 공격을 하기도 했다. 나는 그 프로그램에서 지적장애인들
   이 종사자를 '평가'할 수 있는 평가서 양식을 도입했다. 지적장
   애인들은 종사자를 보고할 수 있는 권한을 부여받았으며, 임상
   사무실이나 행정실에 가서 종사자 평가서를 작성할 수 있었다.
   보고서는 (불행하게도) 나에게만 전달되지만 지적장애인들은 마
   침내 자신의 목소리를 냈다고 느꼈고, 종사자에 대한 공격성은
   상당히 줄었다. 사건이 커지는 와중에도 전화를 통해서라도 다
   음날 나의 사무실에 와서 종사자 평가서를 작성하도록 그녀 또
   는 그를 격려함으로써 진정시킬 수 있었다.

8. 현재의 현실에서 지적장애인을 지지하라. 어떤 사람들은 자신
   이 안전하다는 것과 현재에 있다는 것을 인식하지 못할 정도로

트라우마 반응을 보인다. 지적장애인에게 그들은 괜찮고, 모든 것이 괜찮으며, 당신과 함께 있고, 그 상황에서 당신과 함께 벗어날 수 있으며 모든 것이 괜찮다는 것을 반복해서 말하는 것이 중요하다. 사람들은 현재로 돌아오기 위해 안심할 필요가 있다. 촉발되거나 외상후 스트레스장애를 가지고 있을 때는 과거의 감정으로 가득 차 있다. 모든 것이 괜찮고, 현재 당신과 함께 있고, 과거로부터 안전하게 떨어져 있다는 확신을 가지게 할 필요가 있다.

9. 지적장애인은 하지 않은 일에 대해 지지와 축하를 받아야 한다. 나는 이 방법이 매우 효과적이라는 것을 발견했다. 신체적 공격을 한 적 있는 사람이 화를 내며 무언가를 던졌을 때, 나는 그에게 누구도 때리지 않은 것을 먼저 축하하고, 그가 보여 준 성과에 주목해 주었다. 이것은 분노를 완전히 가라앉혔고, 자기도 모르게 스스로 자신의 작은 성취에 대해 기분이 좋아지기 시작했다! 나는 분명히 힘든 상황에서도 지적장애인이 특정한 행동 패턴을 반복하지 않은 것에 대해 칭찬하고 축하해 주었다. 이 칭찬은 환상적인 '진정제'이다. 많은 경우 지적장애인은 나의 의견에 동의할 것이고, 그가 더 많은 피해를 입히거나 누군가를 해치고 싶었지만 실제로 어떻게 참았는지를 공유할 것이다. 만약 내가 그들의 부정적인 행동에만 집중했다면, 긍정적인 요소를 놓쳤을 것이고 문제행동을 축소시키기보다는 행동을 더 확대되도록 했을 것이다.

10. 마지막으로 그 사람의 사명이나 목적의식에 다시 초점을 맞추어야 한다. 지적장애인에게 역할이나 사명이 있음을 상기시키는 것이 중요하다. 나는 그들이 프로그램에서 자신을 우러러보

는 특정 사람의 롤 모델이 된다거나, 어머니나 아버지가 주말에 집으로 오는 것을 기대하고 있거나, 그들이 나중에 누군가를 도울 것이며, 중요한 시기에 필요한 일을 할 수 있을 것이라는 것을 상기시켜 줌으로써 진정시켰다.

이것은 나와 나의 동료들이 사용해 온 몇 가지 기술들이다. 더 중요한 요소는 침착하고, 긍정적이고, 지지적이며 개개인에게 희망을 주는 것이다. 이것들은 '진정시키기'의 중요한 요소들이다.

정신질환 검토

정서적 행동사건과 정신질환적 에피소드를 구분하는 것은 중요하다. 정신질환이 강하게 나타나는 사람에게 이러한 기술들은 거의 효과가 없다. 만약 지적장애인이 환각을 가지고 있고 정신질환 사건들이 한창 진행 중이라면 즉각적인 응급조치를 받아야 한다. 그들은 여전히 자신을 진정시키는 데 도움을 받을 수 있지만 정신질환은 빠르게 재발하고 계속해서 위기 상태에 있을 것이다. 이는 조현병이나 조현정동장애를 가진 사람들에게서 나타날 수 있다. 지적장애인들이 환각을 느낀다면 다른 사람들은 접근할 수 없는 더 실제적인 자극을 보거나 듣고 있다. 나는 이러한 상황을 여러 번 겪어 보았고 누구도 환각의 실제에 대해 논의만 해서는 안 된다. 안전하다고 느끼게 만들어야 하고 응급실로 안전하게 이송하여 원만하게 입원이 이루어지기를 희망한다.

지적장애인들이 환각을 느낄 때 나타나는 증상에 대해 종사자를 훈련하는 것이 중요하다. 지적장애인들은 아무도 없는 곳에서 분명히 누군가가 있는 것처럼 보고 듣고 반응할 수도 있다. 그들은 스스로를 가리키며 말할 수도 있다. 심지어 누군가의 존재가 실제로 다른 사람이라고 확신할 수도 있다. 달리 설득할 방법이 없기에 종사자는 지적장애인이 안전하다고 느끼도록 돕고, 응급 수준의 중재를 모색하는 것을 목표로 해야 한다.

충분한 정보수집

일반적으로 지적장애인 개개인의 촉발요인을 종사자에게 알려 주고 이들을 훈련하는 것이 중요하다. 어떤 사건이 그 사람을 화나게 만드는가? 시간 촉발요인으로 작용하는 사망 또는 상실의 어떤 기념일이 있는가? 휴일이 힘든가? 이러한 정보를 수집하여 종사자가 활용할 수 있도록 해야 한다. 같은 맥락에서 종사자는 그 지적장애인이 무엇에 의해 진정되는지도 알아야 한다. 그가 편안하게 느끼는 취미는 있는가? 가장 안전하다고 느끼는 사람이 있는가? 아니면 평정심을 되찾기 위해 주기적으로 가야 할 곳이 있는가? 이러한 정보들은 종사자가 충분히 활용할 수 있어야 하고 위기 중재에 도움이 되는 정보들이다.

개인의 안정을 유지하고 위기를 예방하는 데 도움이 되는 항목과 요소를 포괄하는 정신건강계획을 제안한다. 사건이 일어난 뒤 그 사람이 보인 행동에만 초점을 맞춘 행동계획 대신 지적장애인의 정신건강을 생각하고 유지할 수 있도록 먼저 도운 후, 종사자가 최종 중재를 할 수 있도록 안내하는 계획을 세우는 것이 훨씬 좋다. 건강모델(wellness model)은 의료분야에서 매우 효과적이었으며, 정신건강에 문제가 있는 지적장애인에게도 적용될 수 있다.

통제의 제거

통제를 제거하는 데는 여러 가지 이유가 있다. 첫째, 재트라우마의 위험이 높기 때문이다. 신체적 학대로 인한 트라우마를 가진 사람은 종사자의 통제가 자신을 진정시키는 데 도움을 주는 필수적 요소라고 보지 않는다. 대신 그들을 통제하는 종사자를 신뢰하지 않게 될 것이고, 과거 신체적 학대와 관련된 감정과 공포를 느낄 가능성이 높다. 종사자는 잃어버린 신뢰를 회복하는 데 상당한 어려움을 겪을 것이다.

그러나 무엇보다 중요한 것은 (물리적, 신체적) 통제로 인한 사망자의 수이다. 매력적이고 개성이 넘쳤던 한 청년은 몇 년 전 메릴랜드 보호시설에서 살았다. 안타깝게도 그는 지적장애인들을 위한 메릴랜드 보호시설의 체육관에 가기를 거부했기 때문에 30세의 이른 나이에 사망했다. 실제로 그는 살해당한 것이다. 종사자는 지시를 거부한다는 사실이 마음에 들지 않았고, 그래서 힘겨루기가 커졌으며 결국 책상 위에 얼굴을 댄 상태에서 결박당했다. 절차대로 종사자는 도움을 요청했다. 다른 종사자가 신속하게 모여 통제를 도왔다. 그들은 재빨리 그 남자를 바닥으로 옮겼다. 3분 후 한 종사자가 그 남자가 숨을 쉬지 않는 것을 알아차렸다. 심폐소생술을 시작했지만 너무 늦었다. 이 젊은 청년은 신체적인 통제로 인한 합병증으로 사망하였다. 그의 몸에는 20군데 이상의 멍과 타박상, 열상 및 출혈 등이 발견되었다. 그가 통제당한 것은 분명 이번이 처음이 아니었다. 비극적 죽음은 2001년 12월 21일에 발생했다.

약 10년 전, 메릴랜드의 한 시설에서 또 다른 젊은 남자가 밖으로 나가라는 종사자의 지시를 따르지 않았다. 그는 실내에 있고 싶었다. 한 시간 후 그 젊은 남자는 죽었다. 논쟁을 벌이던 종사자가 진정시키기, 단계적 축소, 또는 문제해결 기술을 사용하기보다 그를 통제하기로 선택했기 때문에 사망했다. 종사자는 바닥에 그를 결박했다. 대부분의 사람들이 알고 있듯이 통제는 잘못되었고, 그 청년은 엎드린 자세로 질식사했다(Dressler, 2007). 사망의 원인은 엎드린 자세에 의한 질식사였다. 많은 사람이 잘못된 통제로 인해 허무하게 사망했다(Luiselli, Bastien, & Putnam, 1998).

평온한 중재

종사자를 위해서나 지적장애인을 위해서 평온한 중재를 하는 것은 훨씬 쉽다. 이와 같은 중재에는 해당 장소를 비우고 혼자 울분을 날려 보내도록 내버려 두는 것, 그 장소를 떠나 걷도록 허용하는 것, 화나게 하는 사람에 대한 '평가서'를 작성하거나 '신고'하도록 용기를 주고, 그 또는 그녀에게 정말로 무엇이 잘못되었는지 물어본 후 그 사람이 말하도록 격려하는 것이다. 분노나 좌절감을 말로 표현하지 못하고 대신 바닥에 누워 버리는 사람들이 있다면, 종사자는 그를 어디론가 끌고 가지 말고 함께 앉아서 기다리는 것이 좋다. 결국 그들은 일어날 것이다. 자해행동의 경우, 마사지 기계, 깃털로 만든 먼지떨이 및 진동기와 같은 자극적인 물건을 사용하여 자극을 주고 주의를 돌리는 것이 상당히 효과적이다. 나는 정신질환자이면서 자신이나 다른 사람들에게 심각한 해를 입히는 사람들에게 한정해서 지역사회의 위기 자원을 사용해야 한다고 믿는다. 그러나 예외적으로 평온한 중재는 신뢰를 쌓을 수 있으며 상황이 악화되기 전에 예방 기술을 사용하도록 권장해야 한다. 통제가 허용되지 않을 때 예방은 항상 더 쉽다.

병원같은 보호

병원을 사랑하는 사람들이 있다. 그들 중 다수는 이른 나이에 트라우마를 겪었고, 성적으로나 신체적으로 반복적인 학대를 경험했으며 아마도 어린 시절에 병원을 안전한 피난처로 기억하고 있을 것이다. 이러한 사람들은 격동의 시기나 혹은 나쁜 기억이 촉발되는 시기에 병원을 갈망한다. 휴일에는 나와 함께 일했던 많은 사람이 병원에 가기 위해 많은 창조적 행동을 했다. 추수감사절부터 크리스마스까지 많은 사람은 어디에 있든지 집에 대한 향수를 느낀다. 트라우마 경험으로 가득 찬 어린 시절을 보낸 지적장애인의 경우, 가장 안전하고 최고로 좋았던 시간은 병원에 있을 때였다. 간호사들은 그들을 돌봐 주었고 음식도 구할 수 있었으며 사람들이 그들의 필요에 주의를 기울여 주었다. 연휴 기간에 많은 사람이 안전감과 소속감을 되찾기 위해 재입원을 시도한다.

병원을 좋아하는 사람들이 병원에 가지 않도록 하려면 어떻게 해야 할까? 만약 병원에 머무는 동안 제공받았던 정서적 지원을 종사자들이 제공할 수 있다면 우리는 그 목적을 성취할 수 있을 것이다. 먼저, 지적장애인들을 돌보거나 관심을 갖고 있는 종사자가 그들을 지원하도록 할 수 있다. 병원을 좋아하는 사람들은 특별히 좋아하는 간호사와 간호조무사들이 따로 있다. 의사에 대한 것이 아니다. 보고 싶어 하는 사람은 바로 친절하고 자상한 간호사와 간호조무사이다. 정신병동에 입원을 원하는 사람들은 같은 층에 있는 그룹과 사람들에 대해 이야기할 것이다. 때때로 그것은 성적 활동의 기회이다. 다른 경우에는 음식과 간식을 무료로 이용할 수도 있다. 많은 혜택에 대해 들었지만 흡연자들이 금연을 마다하지 않는 것 같아 항상 놀라곤 한다.

보살피고 배려하는 종사자를 고용하고, 우리가 봉사하는 지적장애인에게 다양한 사회적 활동 기회를 제공함으로써 그들이 불필요한 입원을 하지 않도록 도울 수 있다. 지적장애인은 자신의 말을 경청하고 이야기를 나눌 수 있기 때문에 병원에 있는 종사자를 좋아하게 되었다고 여러 번 말했다. 또한 그들이 병원에서 만났고 또 다시 만나고 싶은 사람들에 대해 나에게 말했다. 입원은 사회적인 측면에서 보면 매력적이고 위안이 되는 것 같다. 이러한 측면은 지역사회 생활환경 내에서 다시 만들어질 수 있다. 사회적 참여 기회와 지지적인 종사자는 지적장애인이 잦은 입원에 대한 욕구를 극복하는 데 큰 도움이 될 수 있다. 나는 이렇게 결합된 지원이 병원에 중독된 사람들로 하여금 잦은 입원으로부터 스스로 벗어나도록 돕는 것을 보아 왔다.

예방의 마음가짐

지역사회 기관 내의 예방에 대한 마음가짐은 위에서부터 나와야 한다. 행정 감독관, 경영진 또는 CEO는 지적장애인들에게 서비스를 제공할 때 정신건강 접근법을 수용해야 한다. 이는 지적장애 및 정신건강 문제의 이중진단을 받은 사람들에게 서비스를 제공할 때 훨씬 중요하다. 개인의 행동문제에 초점을 맞추기보다 사회화 기회, 코칭과의 긍정적 관계, 보호적인 종사자에 초점을 두어야 한다. 정신건강모델은 새로운 수준의 건강을 창조하고, 조직이 위기 중재에서 벗어나 예방을 향해 자연스럽게 이동할 수 있도록 한다. 그러나 그 메시지는 기관의 정책을 수립하는 사람들과 종사자를 고용하는 사람들에게 전달되어야 한다. 그렇지 않으면 행동적 위기를 겪고 있는 사람들에게 초점이 맞춰지고 "위기를 조성해서 자신이 원하는 관심과 지원을 얻는다."라는 메시지가 들어맞는 위기 모드로 빠져들기 쉽다. 물론 그 메시지가 아무리 미묘할지라도 많은 지적장애인들로부터 위기 수준의 행동문제를 야기할 것이 확실하다.

위에서 오는 메시지를 보라. 사후 위기 대응인가 아니면 사전 예방인가? 사건의 수와 성격은 메시지를 반영한다. 지속적으로 돌봄과 지원, 사회화를 제공하면 위기 중재는 우세한 운영방식이 되지 않을 것이다.

참고문헌

Dressler, D. (2007, December). *Current assumptions regarding restraint use*. Paper presented at the Trauma Informed Care Conference, Columbia, MD.

Herman, J. (1997). *Trauma and recovery*. New York: Basic Books.

Luiselli, J. K, Bastien, J. S., & Putnam, R. F. (1998). Behavioral assessment and analysis of mechanical restraint utilization on a psychiatric, child and adolescent inpatient setting. *Behavioral Interventions, 62*, 366-374.

10
정신건강계획

정신건강계획의 목적은 종사자들로 하여금 매일 지적장애인의 정신건강을 위해 그들을 안내하도록 하는 것이다. 그것은 기본적으로 건강모델(wellness model)이다. 정신건강을 위해 일하도록 종사자를 훈련시키고 개개인의 정신건강이 무엇인지 정의한다면, 종사자들은 효과적으로 사전 예방 지원에 초점을 맞출 수 있고 성장과 정신건강을 함양할 수 있다. 만약 우리가 종사자에게 행동을 통제하도록 훈련한다면, 그 종사자는 지적장애인을 통제하려는 자신의 선의의 노력을 통해 힘겨루기를 하게 될 것이다. 이는 행동이 초점이 되는 통제모델(control model)의 자연스러운 결과물이다. 통제모델에서는 지적장애인들이 어떻게 그들의 환경을 조작하였고, 종사자에 의해 어떻게 관리될 수 있을지 결정하는 기능평가가 기본 원칙이 된다. 지적장애인을 새로운 차원의 정신건강으로 지도하기 위해서는 종사자들에게 명확한 방향성을 부여하는 패러다임의 전환이 있어야 한다. 이러한 패러다임의 전환은 행동분석에서 긍정심리학으로의 변화이다. 긍정심리학은 인간 성장과 행복의 원리를 입증하는 경험적 연구에 바탕을 둔 흥미진진하게 발전하고 있는 분야로 더 높은 성취와 정신적 웰빙으로 우리를 이끈다(Snyder & Lopez, 2007). 이러한 흥미로운 연구는 지적장애인들에게 무조건 적용되어야 한다.

행동, 트라우마, 정신건강에 어려움을 겪는 사람들을 위해 트라우마 정보를 제공하는 형식이나 계획을 사용할 것을 제안한다. 이 계획에는 트라우마 경험과 장애의 원인에 초점을 맞춘 자세한 히스토리가 포함되어야 한다. 가능한 한 ① 모든 촉발요인(trigger)과 힘들어하는 기념일의 목록, ② 즐거움, 참여, 의미의 수준에 대한 개인의 행복 분석, ③ 세 가지 차원의 행복을 구현하기 위한 절차, ④ 어려움을 예방하기 위한 절차, ⑤ 최후 수단으로서의 개입 절차, ⑥ 어려운 사건이나 사고에 뒤따른 회복 절차를 포함해야 한다. 이것은 정신건강에 대한 청사진을 제공할 것이며, 총체적인 개인에 대한 고려 없이 단지 행동문제에만 집중한 계획보다 훨씬 더 철저해야 할 것이다. 이 계획은 임상적 경험을 가진 사람이 설계해야 한다. 임상의는 계획의 세부사항 및 실행에 대해 종사자를 철저히 훈련시켜야 한다.

최근에 나는 다양한 분야의 심리학자들과 대화를 나누었다. 그들은 항상 행동에 대해 언급되고 수량화되는 알츠하이머병을 가진 노인과 어린이 그리고 지적장애인들을 관찰했다. 정상적인 지능을 가진 사람과 성인으로 정상적인 역할을 하는 사람들은 행동에 있어서 똑같이 어려움을 겪더라도 대부분 이 문제들은 정신건강상의 어려움이라는 식의 용어로 언급되거나, 만약 지위가 더 높은 사람이라면 스트레스의 측면에서 언급될 것이다. 나는 동료의 관찰에 상당히 놀랐다. 현실에서 아이가 아닌 성인으로 삶의 경험과 감정의 역사를 가지고 있어도 낮은 인지적 수준을 가진 사람에 대해서는 행동문제와 관련된 용어로 언급되는 경향이 있다. 그러므로 우리는 지적장애인의 행동의 원인을 IQ의 불일치에만 두지 말고 감정과 과거의 경험, 때로는 트라우마에 기초하여 찾아볼 필요가 있다.

정신건강계획은 완전히 개별화된 전략을 기반으로 종사자에게 명확한 개요를 제공함으로써 지적장애인의 정신건강을 이끌 것이다. 이 장에서는 앞에서 소개된 사례의 히스토리 중 일부를 살펴보고, 정신건강계획이 어떻게 지적장애인을 효과적인 방법으로 도울 수 있을지 설명할 것이다.

정신건강계획: 견본

정신건강계획의 견본으로 다음과 같은 개요를 제안한다.

1. 이름
2. 생년월일
3. 계획 시행 장소
4. 작성자
5. 날짜
6. 배경
7. 트라우마 경험
8. 진단
9. 약물 치료
10. 진단에 대한 설명(종사자에게 진정한 진단의 의미 설명하기)
11. 의료문제(종사자에게 의료문제가 삶의 방식과 기분에 어떤 영향을 미치는지 설명하기)

12. 행복 분석

   a. 지적장애인이 즐거움을 얻기 위해 즐기는 것(세부사항 제공)

   b. 지적장애인이 가장 즐겁게 참여할 수 있는 활동들

   c. 지적장애인에게 삶의 의미를 가져오는 것과 추구하고 있는 의미가 무엇인지 분석

13. 행복 절차

   a. 지적장애인의 즐거움 향상을 위해 해야 할 일

   b. 지적장애인의 참여를 증가시키기 위한 지원방법

   c. 관계 함양 및 사회적 기술을 지도하는 데 도움을 주는 방법

   d. 지적장애인이 성취로 인정하도록 돕는 방법

   e. 의미를 강화하는 활동을 지원하는 방법(예: 사랑하는 조부모와의 방문을 준비하는 것)

14. 트라우마 반응 예방

   a. 알려진 촉발요인 목록

   b. 힘들어하는 기념일 목록

   c. 긍정적으로 연결된 사람들의 목록

   d. 지적장애인에게 일관성 있게 제공해야 하는 선택의 목록

   e. 지적장애인이 안전하다고 느끼는 데 필요한 요소

15. 긍정적인 정체성 개발

   a. 지적장애인에게 긍정적이고 중요한 역할

   b. 자존감 발달을 돕는 방법(경청 절차 포함)

   c. 긍정적인 동료 관계의 발전을 돕는 방법

16. 행동문제 예방

   a. 스트레스/촉발요인 발생 시 문제행동 예방방법

   b. 준비 방법

    c. 정서적으로 어려움을 겪고 있을 때 부정적인 태도를 긍정적
       인 태도로 바꾸는 방법

    d. 트라우마 반응이 촉발될 때 대응방법

    e. 기념일이 돌아올 때 해야 할 일

    f. 안전감을 확보하는 방법

    g. 정신질환을 검토하고 전문가에게 보고하는 방법

    h. 필요한 치료 중재

17. 위기 중재

    a. 스트레스 상황일 때 정서적으로 타인과 연결하는 방법

    b. 힘들어하는 상황과 멀어지게 하는 방법

    c. 안전감과 연대감을 제공하는 연결 가능한 사람

    d. 입원 기준

    e. 지역사회 응급 서비스 이용 시기

트라우마에 대한 정신건강계획

사례 1

 에블린

사례를 하나 들어 보자. 에블린(Evelyn)은 내가 약 8년 동안 함께 일해 온 젊은 여성이다. 36세의 에블린은 조현병과 중증 지적장애 진단을 받았다. 그녀는 실제로 수학을 꽤 잘할 수 있고 수학 문제를 풀면서 스스로를 진정시킨다. IQ는 경계선일 가능성이 더 높지만 정

신질환과 집중력 저하로 인해 낮게 평가되었다. 에블린은 마치 자동차가 휘발유를 태우는 것처럼 담배를 피운다. 에블린은 항상 나중에 피울 담배에 대해 걱정하고 있다. 에블린은 담배가 떨어지지 않도록 몇 년 동안 흡연 일정을 지켜 왔다. 담배가 다 떨어졌는데 어느 누구도 그녀에게 담배를 사 줄 수 없을 때 에블린은 종종 911에 전화를 한다. 에블린은 담배가 떨어진 상황을 응급 상황이라고 생각한다.

에블린은 살면서 많은 트라우마를 겪었다. 그녀는 수년간 의붓아버지에게 성추행을 당했고, 10대 때 가족의 친구에게 성폭행을 당했다. 결과적으로 에블린은 임신을 했고, 그녀의 가족은 에블린이 아기를 포기하고 입양을 보내도록 서류에 서명을 강요했다. 내가 에블린을 처음 만났을 때, 그녀는 아들에 대해 매우 큰 소리로 이야기하면서 울음을 터뜨렸다. 에블린은 소리를 지르고 울면서 "왜 그들은 내가 아기를 포기하게 했을까요? 왜? 왜?"라고 되물어보곤 했다. 에블린은 종사자들에게 아들을 찾게 데려가 달라고 요구했다. 가족들은 자신의 아이들을 키우면서 왜 자신은 그렇게 하면 안 되는 거냐고 소리쳤다.

에블린은 다른 사람의 아이들에게 매우 화를 냈고, 그 아이들에게도 이러한 질문을 반복해서 물었다. 들리는 바에 의하면 에블린의 어머니도 정신질환으로 어려움을 겪었고, 에블린에게 전화해서 방문할 거라고 했지만 한 번도 오지 않았다. 이것 또한 에블린을 화나게 하는 일이었다.

또한 에블린은 성생활이 문란했다. 그녀는 담배를 얻기 위해 성 접대를 한 것으로 알려졌다. 에블린은 데이트를 하며 담배나 간식을 제공받고 호의를 베푸는 것으로 알려졌다. 이러한 문란한 행위는 행동문제로 간주될 수도 있고, 에블린의 자존감 결핍을 더 깊게 반영한 것으로 볼 수도 있다. 에블린은 그녀의 환경에서 유일한 가치는 성적 대상이 될 수 있는 능력이라는 것을 일찍부터 배웠다. 에블린의 행동은 이것을 반영했다.

몇 년 전, 나는 에블린이 그녀를 사랑하는 괜찮은 남자를 찾을 수 있도록 도왔다. 이 남자는 지적장애를 가지고 있었으며 한때 불을 한 번 지른 적이 있었고, 실제로 정서가 불안정하고 학대받는 생활환경에서 청소년기를 보냈기 때문에 이후에 시설에서 많은 시간을 보냈다. 그는 그 시점부터 방화범이라는 딱지가 붙었다. 만약 누군가가 청소년기에 따라다니면서 우리에 대한 보고서를 썼다면, 많은 사람(나 자신을 포함하여)도 비슷한 꼬리표를 가지고 있었을지도 모른다. 그는 3년 전 내가 근무하던 시설에 들어오기 전까지 지역사회에 출입할 수 없었다. 그들은 소개받은 이후 줄곧 교제를 해왔고 함께 살 계획이다. 에블린은 더 이상 성적인 호의로 담배를 거래하지 않았다.

이상은 에블린의 배경에 대한 소개였고, 지금부터는 견본을 사용하여 에블린의 생애와 요구에 맞는 정신건강계획을 준비하는 방법을 알아볼 것이다.

정신건강계획

이름: 에블린 존스(Evelyn Jones)

생년월일: 1975년 9월 11일

계획 시행 장소: 주거 및 작업 환경

작성자: 카린 하비(Karyn Harvey)

날짜: 2000년 1월 2일

배경: 에블린은 매우 힘든 어린 시절을 보냈다. 그녀는 존스(Jones) 부부에게서 태어났다. 임신 중 음주나 약물 남용에 대한 기록은 없었다. 발달지체가 2세경에 분명하게 나타났으며, 대부분의 발달지표가 지연되었다. 언어발달은 3세 반까지 일어나지 않았다.

에블린의 부모는 에블린이 2세 때 이혼했고, 5세 때 어머니가 재혼을 했다. 에블린은 일반학교의 특수학급에서 수업을 들었다. 그녀는 고등학교를 다녔지만 졸업장은 받지 못했다. 에블린의 강점은 수학이었고 약점은 읽기였다.

에블린은 의붓아버지에게 상습적으로 성추행을 당했다고 보고되었다. 15세 때 가족의 한 친구가 에블린을 성폭행했고, 16세에 아들을 낳았다. 그 가족은 비공개 입양을 했다. 에블린은 21세에 지적장애인을 위한 시설로 배치되었다. 그녀는 28세가 되어서야 그 시설을 떠났고, 지역사회 거주기관으로 들어갔다. 에블린은 그때부터 그곳에 거주했고, 그 시점부터 훈련 프로그램에 참여했다.

트라우마 경험: 에블린은 반복적인 성추행으로 복합적인 트라우마를 경험했다. 그녀는 두 가지 주요 트라우마 사건을 겪었다. 첫 번째는 성폭행이었고, 두 번째는 아이의 출산과 이별이었다. 에블린은 아이와의 이별에 대한 감정적인 플래시백을 계속 떠올리고 있었다. 또한 그녀는 일반학교 시스템에서 학교교육을 받는 동안 배제되어 특수교육을 받아야 하는 작은 트라우마(little t)와 시설 배치에 대한 트라우마를 겪었다. 에블린은 보호시설 경험 중 많은 것을 기억하지 못하며, 트라우마 사건을 억지로 떠올리지 않고 있는지도 모른다. 에블린은 자신이 보호시설을 '혐오'했지만 구체적인 기억을 제공할 수는 없다고 강하게 이야기했다.

진단: **축 I**: 295.10 조현병, 붕괴형; 309.81 외상후 스트레스장애 (Posttraumatic Stress Disorder: PTSD); **축 II**: 317 경도 지적장애; **축 III**: 고혈압, 높은 콜레스테롤; **축 IV**: 성적 학대 이력, 가족 간 어려움; **축 V**: 전반적인 기능평가(GAF): 45.

약물 치료: 자이프렉사(Zyprexa), 지오돈(Geodon), 프롤릭신(Prolixin) (용량은 최근 의사의 처방전 확인)

진단에 대한 설명: 에블린은 조현병 진단을 받았고 붕괴형 (disorganized type)이다. 그녀는 명료하게 생각하는 데 어려움이 있다. 에블린은 매우 쉽게 혼란스러운 상태에 빠질 수 있다. 그녀는 작은 사실이나 문제를 가지고 그것에 집중하고 집착한다. 이후 그 사실에 망상적 생각을 더하고, 자신이 사건의 중심에 있다고 믿으며 복잡하고 혼란스러운 이야기를 빙빙 돌려 반복할 것이다. 에블린은 불편함이나 박탈감에 대해 심각한 공포감을 느낀다. 심지어 담배나 돈과 같이 자신이 필요하다고 생각하는 것이 없을 때 911에 전화도 할 수 있다. 그녀는 자신의 문제와 다른 사람들의 문제를 구분할 수 없다. 만약 사람들이 에블린이 느끼는 걱정이 중요하지 않다고 느낀다면 그녀는 화를 낸다. 약물이 없으면 에블린은 극도로 혼란스러워하고 말도 안 되는 단어와 사고 체계를 사용할 것이다.

에블린도 외상후 스트레스장애로 진단받았다. 그녀는 성적 학대와 트라우마가 될 사건들을 반복했다(위의 내용 참조). 에블린은 때로는 감정적 플래시백을 떠올리곤 했다. 에블린은 누군가 자신으로부터 무엇을 빼앗으려 한다고 생각되면 쉽게 촉발되고, 자학 또는 공격적 형태의 트라우마 반응이 나타날 것이다.

에블린은 함께 일하는 종사자와 안전하다고 느낄 필요가 있다. 정서적 트라우마 반응은 종사자들이 친절하지 않고, 요구하거나 판단하거나 또는 종사자들의 태도가 무례할 때 촉발된다. 에블린은 마치 다른 사람들이 자신을 학대하는 것처럼 빠르게 느끼고 반응한다. 그녀는 종사자가 불친절하고 잠재적으로 자신을 해칠 수 있다고 생각할 때 공격적으로 행동하며 이러한 행동을 통해 스스로를 보호하려고 할지도 모른다.

의료문제: 에블린은 고혈압과 높은 콜레스테롤을 가지고 있다. 그녀는 저콜레스테롤 식이요법을 하고 있으며, 때로는 먹고 싶은 음식을 먹을 수 없을 때 화를 내기도 한다.

행복 분석:

- 즐거움: 에블린은 외식을 좋아한다. 또한 로맨틱 코미디의 영화를 보는 것을 좋아한다.
- 참여: 에블린은 수학문제 풀기와 그림 그리는 것을 즐긴다. 그녀가 가장 좋아하는 매체는 색연필이다. 복잡한 색칠 책을 즐기며 크레용과 컬러 마커를 사용하는 것도 좋아한다.
- 대인관계: 에블린은 직장 친구 엘렌(Ellen)과 남자친구를 매우 소중히 여긴다. 그들과 함께 시간을 보내는 것을 즐긴다.
- 성취: 에블린은 자신의 그림 그리는 능력을 자랑스러워하며 지역 예술 전시회에 참가했었다.
- 의미 있게 여기는 것: 남자친구와의 관계는 매우 중요하다. 에블린은 주말에 남자친구의 집에서 보내거나 자신의 집에 그를 초대하는 것을 즐긴다. 결혼해서 그의 아내가 되고 싶어 한다.

행복 절차:

- 즐거움 향상을 위한 절차: 에블린은 적어도 일주일에 한 번은 외식할 기회가 있어야 한다. 적어도 한 달에 두 번 이상 밤에 영화를 봐야 하고 친구들을 초대해 영화를 선택할 수 있어야 한다.
- 참여 증가를 위한 절차: 집에서 사용할 수 있는 미술 용품을 준비하고, 직장에서 쉬는시간 동안 할 수 있는 수학문제를 준비해야 한다.
- 관계를 유지하기 위한 절차: 에블린이 친구 엘렌과 한 달에 두 번 이상 시간을 보낼 수 있도록 도와야 한다.
- 성취를 증가시키기 위한 절차: 에블린이 미술 용품을 얻고 미술에 대한 자신의 관심을 탐색할 수 있도록 도와야 한다.
- 의미 증가를 위한 절차: 에블린과 남자친구와의 관계가 발전되도록 지원해야 한다. 데이트가 가능하도록 해야 하고 남자친구와 함께 시간을 보내도록 촉진해야 한다. 가능하다면 휴가를 다른 동거인과 함께 계획하는 것보다 남자친구가 함께하는 계획을 세워야 한다.

트라우마 반응 예방:

- 알려진 촉발요인: 알려진 촉발요인들은 담배 부족, 다른 사람의 아이들과 10분 또는 15분 이상 함께 있는 것과 휴일, 특히 크리스마스 휴가이다. 또한 큰소리로 말하며 요구하거나 명령하는 것은 에블린의 촉발요인이 되기도 한다.
- 힘들어하는 기념일: 크리스마스와 그녀의 생일. 에블린은 생일에 특히 힘든 시간을 보냈다.
- 신뢰할 수 있고 긍정적으로 연결된 사람들: 에블린은 그녀의 기관

의 실무책임자, 집 관리인과 매우 친하다. 또한 치료사와 가깝게 지낸다. 이 사람들과 함께 있으면 안전하다고 느끼고 화가 날 때 침착해질 수 있다.

• 일관성 있게 제공되어야 하는 선택: 에블린은 자신의 옷과 헤어스타일을 선택할 수 있어야 한다. 그녀는 종사자들이 입히는 패션에 대해 억울해한다. 에블린은 가능한 한 많은 선택을 할 수 있어야 한다. 이것은 그녀에게 매우 중요하다. 에블린과 남자친구의 관계가 발전됨에 따라 남자친구와 함께 살 것인지, 어느 지역에 살 것인지를 선택하도록 격려해야 한다.

• 안전하다고 느끼기 위해 필요한 요소: 담배가 다 떨어졌을 때를 대비해 예비용 담배가 직장과 집에 따로 보관되어 있어야 한다. 에블린은 집에 있더라도 항상 크리스마스 휴가를 위한 계획을 미리 세워야 하고 남자친구와 하루 중 일부를 함께 보내야 한다. 기대할 만한 활동과 함께 명확한 계획이 있어야 한다. 생일도 마찬가지로 생일축하 행사가 미리 계획되어 있어야 한다. 행동문제로 인해 계획이 변경되어서는 안 된다. 대신 에블린은 화를 내거나 흥분할 경우 추가 치료 회기를 받아야 한다. 종사자들은 일방적으로 요구하지 않고 친절하게 논의해야 하며, 낮고 차분한 목소리로 대화해야 한다는 것을 기억해야 한다.

긍정적인 정체성 개발:

• 긍정적이고 중요한 역할: 에블린은 여자친구로서의 역할을 매우 중요하게 생각한다. 에블린은 자상하고 세심한 여자친구가 되고 싶어 한다. 종사자들은 이 역할에 대해 그녀에게 이야기하고 남자친구에게 생일선물 받기, 매력적인 잠옷 쇼핑하기, 화장

하기, 전화통화 바르게 하기, 감정에 대해 남자친구와 소통하기 등으로 에블린을 도와주어야 한다. 종사자들은 여자친구 활동과 관련된 다른 기타 활동들도 지도해야 한다. 에블린의 모든 노력에 칭찬하고 격려하며 이 역할의 중요성을 반복해서 이야기해 주어야 한다.

• **자존감을 높여 주기 위한 방법:** 종사자들은 에블린의 노력과 방법에 대해 구체적이고 정확하게 칭찬해야 한다. 지속적으로 에블린의 장점을 이야기하고 스스로 장점에 대해 자부심을 느낄 수 있도록 도와야 한다.

• **동료관계를 긍정적으로 만들기 위한 방법:** 에블린이 우정을 발전시키고 함께 영화를 보기 위해 직장 친구들을 초대하도록 장려해야 한다.

행동문제 예방:

• **스트레스/촉발요인 발생 시 문제행동 예방방법:**

1. 종사자들은 에블린이 담배가 없을 때 트라우마 반응으로 촉발된다는 것을 인지하는 것이 매우 중요하다. 이러한 반응은 상실감과 박탈감이며 다년간의 감정이 살아날 가능성이 있다. 종사자들은 여분의 담배를 가지고 있어야 하며 에블린이 직장과 가정에서 담배를 피우지 않도록 숨겨야 한다. 가능하다면 에블린이 종사자들의 도움을 받아 스케줄대로 담배를 피우는 계획에 동의하도록 장려하는 것이 도움이 될 것이다. 이것은 반드시 에블린의 자발적인 동의를 얻어야 한다.

2. 에블린은 휴가와 생일에 무엇을 할 것인지 최소 2주 전에 계획을 미리 세우는 것이 매우 중요하다. 에블린은 이 시기에

혼자 방치될 것이라고 믿게 되면 당황해한다. 이것은 과거의
무관심으로 인한 트라우마 반응일 가능성이 크다.

3. 종사자는 에블린에게 부드럽고 차분한 목소리로 말해야 한
   다. 만약 소리를 지르고 있다고 에블린이 느낀다면 그녀는 감
   정적으로 촉발될 수 있다. 종사자들은 목소리를 차분하고 낮
   게 유지해야 한다.

4. 종사자들은 집안일이나 위생을 위한 일과 같은 요구사항에
   대해 부모처럼 권위주의적인 방식으로 요구하기보다는 신중
   하게 상의해야 한다. 에블린은 권위주의적인 접근방식을 통
   해 촉발되고 화를 내거나 흥분할 수 있다.

• **준비 방법**: 모든 종사자는 에블린과 함께 일하기 전에 정신건강
  계획에 대한 훈련을 받아야 한다.

• **부정적인 태도를 긍정적인 태도로 전환하는 효과적인 방법**:

1. 만약 에블린이 어떤 식으로든 화가 나거나 흥분할 경우, 종사
   자들은 그녀에게 지금 나가서 남자친구와 밤에 데이트를 하는
   계획을 세워 보자고 제안할 수 있다. 만약 담배와 관련된 것이
   라면, 종사자들은 에블린이 담배를 획득할 계획을 세우는 것
   을 도와야 한다. 다시 말하지만 종사자들은 항상 예비용 담배
   를 가지고 있어야 한다. "잠깐만! 나 어디선가 담배를 본 것 같
   아요."라고 숨겨진 담배 중 하나를 조심스럽게 찾아낸다.

2. 만약 에블린이 911에 전화를 걸려고 한다면 종사자들은 그녀
   에게 이 행동의 법적 결과를 상기시키고, 에블린이 먼저 문제
   를 해결하도록 도울 수 있게 요청해야 한다.

• **트라우마 반응이 촉발될 때 대응방법**:

1. 만약 에블린이 위기 상태에 처해 있고 과거의 상처나 어떤 상

황에 대해 과민하게 반응한다면, 종사자들은 에블린에게 지금 여기에 있고 모든 것이 괜찮아질 것임을 상기시켜 줌으로써 조용하고 침착하게 현재에 이르도록 한다. 그런 다음, 종사자들은 에블린이 해결책을 찾도록 도와주는 방식으로 당면한 문제에 대해 침착하게 상의해야 한다.

2. 누군가 에블린을 촉발했고, 에블린이 촉발한 사람을 겨냥하고 있다면, 종사자들은 에블린과 침착하게 이야기하고 그 사람과 떨어뜨려 놓아야 한다. 또한 그 시점에서 문제를 논의하려고 시도조차 하지 말고 그 사람과 떨어지도록 격려하라. 20분 이상 진정 후, 종사자들은 에블린과 함께 다음에 무엇을 하고 싶은지에 대해 논의하고, 가능하다면 그녀가 안전하다고 느끼는 사람들 중 한명과 대화할 수 있도록 도와야 한다.

• 기념일이 돌아올 때 해야 할 일: 위에서 언급한 바와 같이 종사자들은 에블린의 생일과 휴가 때 그녀의 마음을 사로잡는 계획을 사전에 세워야 한다.

• 안전감을 확보하는 방법:

1. 에블린은 매주 치료사를 만나야 한다.

2. 에블린은 함께 사는 사람을 선택해야 한다.

3. 에블린은 종사자가 마음에 들지 않고 불편할 때 관리자들에게 말할 수 있도록 해야 하고 즉각적인 도움과 해결책을 얻어야 한다.

• 정신질환을 검토하고 전문가에게 보고하는 방법:

1. 종사자들은 아무것도 보이지 않고 들리지 않는데 에블린이 보이거나 들리는 것처럼 행동하거나, 수면이나 식사 등에 어떠한 변화가 있다면 정신과 의사에게 보고해야 한다.

2. 종사자들은 에블린이 평소 좋아하던 일을 하고 싶어 하지 않거나 별 거리낌 없이 하던 일을 거부할 때와 같이 기분의 어떤 변화라도 보이면 이를 보고해야 한다.

- **필요한 치료 중재**: 에블린은 매주 치료사를 만나야 한다. 치료는 가정이나 직장 어느 곳이든 괜찮다.

위기 중재:

- 스트레스 상황에서 정서적으로 연결하는 방법:

  1. 위기상황에서 종사자들은 에블린에게 먼저 "무엇이 정말 잘 못되었나요? 아니면 진정으로 당신을 괴롭게 하는 것이 무엇인가요?"라고 물어야 한다. 에블린에게 그 당시 느꼈던 실제 감정을 드러내도록 이야기해야 한다. 그런 후 종사자들은 담배를 얻는 방법처럼 즉각적 해결책과 부당한 상황에 대해 관리자와 대화하는 방법 등 장기적인 해결책에 대한 논의를 해야 한다.

  2. 종사자들은 침착하게 에블린이 힘이 있다고 느끼는 누군가에게 자신의 염려를 표현하도록 권유해야 하며, 에블린이 이 사람에게 접근하거나 권력을 가진 사람에게 접근할 계획을 세우는 것을 도와야 한다.

  3. 종사자들은 에블린이 911에 전화하지 못하도록 신중하게 전화를 받아야 한다. 만약 불가능하다면, 에블린이 911과 통화한 후 종사자가 911로 전화하여 바로잡아야 한다.

- 힘들어하는 상황과 멀어지게 하는 방법:

  1. 만약 에블린이 누군가에게 화가 났다면, 종사자는 그 사람과 에블린을 멀리 떨어뜨려 놓도록 노력해야 한다.

2. 만약 가능하지 않다면 종사자들은 그 사람에게 에블린으로부터 멀어지도록 요청해야 한다.

- 안전감과 연대감을 제공하는 연결 가능한 사람:

1. 에블린이 중요하다고 생각하는 사람에게 연락해야 하며, 에블린과 대화를 할 수 있도록 접근해야 한다. 이러한 사람들은 시설 부책임자, 집 관리인 및 치료사들이다. 연락은 전화로 하거나 직접 할 수 있다.

2. 에블린이 귀 기울일 것 같은 상황에서 누군가와 대화하도록 해야 한다. 종사자들은 그녀에게 "지금 여기 있는 사람들 중 누구와 이야기하고 싶어요?"라고 물어야 한다. 종사자들은 그 자리에서 에블린의 말을 들어 주겠다고 제안해야 한다.

3. 무엇보다도 종사자들은 침착하고 흔들리지 않아야 하며 두려움이나 분노를 나타내서는 안 된다.

- 입원 기준:

1. 만약 에블린이 환청을 듣거나 내부 자극에 반응하고 있다는 것을 나타낸다면 정신과적 검사를 위해 병원으로 이송되어야 한다.

2. 만약 에블린이 너무 감정적이라 말을 할 수 없고 이유를 알지 못하는 히스테리가 나타난다면 검사를 받아야 한다.

- 지역사회 응급 서비스 이용 시기: 만약 에블린이 자신이나 다른 누군가를 직접적으로 다치게 할 의도가 있고, 3~5분 후에도 진정되지 못하거나 돌이킬 수 없다면 911에 전화해야 한다.

예에서 볼 수 있듯이 계획서를 간단하고 최소한으로 작성하여 임상적으로 사용해야 한다. 계획서는 대학 학위를 받지 않은 사람이 읽어도 이해될 수 있도록 작성하는 것이 중요하다. 계획서는 분명하게 이해되어야 하고 동시에 지적장애인이 가지고 있는 매우 실제적인 트라우마 기반의 문제들을 다루어야 한다. 임상의는 자신의 스타일을 단순화하여 중요한 개념과 복잡한 치료 방침을 기본적인 의사소통만으로 종사자들이 이해할 수 있도록 접근하는 것이 중요하다. 종사자들이 정신건강계획을 이해할 수 없다면 이것은 절대 실행될 수 없다.

사례 2

🎙 데니

다음으로 이 책의 1장 시작 부분에 공유한 첫 번째 사례로 돌아가 보자. 데니(Denny)는 4세에 발달장애인을 위한 시설에 맡겨졌다. 그는 가족과 접촉이 거의 없었고, 아주 어린 나이에 체계적으로 감독을 하지 않았던 종사자에게 맡겨졌다. 44세인 데니는 기물파손과 공격성을 보이고 있다. 데니의 이러한 어려움을 해결하기 위해 행동계획이 마련되었다. 더 중요한 것은 데니가 외상후 스트레스장애의 더욱 심화된 형태인 급성 스트레스장애를 앓고 있다는 것이다. 데니는 정서적으로 취약하고 언어능력도 상당히 미약하다. 이 요약을 염두에 두고 데니를 위해 작성될 수 있는 정신건강계획의 예를 살펴보자.

정신건강계획

이름: 데니 콜(Denny Kohl)

생년월일: 1957년 5월 7일

계획 시행 장소: 주간 및 주거 프로그램

작성자: 카린 하비(Karyn Harvey)

날짜: 2001년 2월 2일

배경: 데니는 1957년, 조지와 캐롤라인 콜 부부 사이에서 태어났다. 그는 대근육 운동과 언어발달이 현저하게 지연되어 발달지체 징후를 보였으며, 2세까지 예상되는 발달지표의 규준에 도달하지 못하였다. 데니의 실제 발달에 대한 정보는 부족하다. 알려진 것은 데니가 4세 생일 직전에 가족 주치의의 권유로 X 기관에 맡겨졌다는 것이다. 데니는 어린이 병동에 배치되어 반복적인 트라우마를 경험한 것이 분명하다. 이러한 사건에 대한 기록은 거의 없지만 데니가 12세 이전에 뼈가 여러 개 부러졌으며 10대부터 성인이 될 때까지 신체적 구속이 반복되었다는 징후가 있다.

데니는 44세에 ABC 주거 기관에 입소하여 Z 주간 프로그램에 참여했다. 그는 몇 년 동안 이러한 환경에 있었고 외상후 스트레스장애의 징후를 계속해서 보이고 있다. 가족의 개입은 지속적으로 이루어지지 않고 있다.

트라우마 경험: 데니가 보호시설에 있는 동안 반복적인 신체적 학대를 당한 것이 분명하다. 그는 종사자들에게 '폭행당했다'는 용어로 기술하고 나이가 많은 여성 종사자를 향해 지나친 두려움을 보여 준

다. 기록에 따르면 데니는 어린 시절, 기관에서 뼈가 부러진 적이 있다. 성적 학대가 있었다는 명백한 증거는 없지만, 데니가 기관에 있는 동안 거주했던 환경의 일반적인 이력을 미루어 볼 때 그런 일이 발생했을 가능성이 있다.

진단: 축 I: 308.3 급성 스트레스장애; **축 II**: 중도 지적장애; **축 III**: 고혈압; **축 IV**: 신체적 학대의 기록, 어린 시절 보호시설; **축 V**: GAF: 30.

약물 치료: 할돌(Haldol), 데파코테(Depakote)

진단에 대한 설명: 급성 스트레스장애는 데니가 자신을 직접 위험에 빠뜨리고 지속적인 영향을 미치는 심각하고 반복적인 트라우마를 겪었음을 나타낸다. 급성 스트레스장애가 있는 사람들은 때때로 트라우마와 관련한 어떤 것을 접했을 때 그 기억에 강렬하게 몰입되어 그들이 어디에 있는지 지각하지 못하며, 트라우마가 발생한 시간으로 돌아왔다고 믿는다. 또한 그들은 자신들과 단절되어 완전히 '거기' 있지 않을 수도 있다. 그들은 제3인칭으로 자신에 대해 이야기할 수 있고, 극단적으로 다른 사람들처럼 행동할 수도 있다. 모두 그들이 경험한 트라우마에 대한 결과로 어떤 식으로든 자신들과 분리되었다는 징후들이다.

의료문제: 데니는 고혈압이 있고, 특정한 식습관을 갖고 있다.

행복 분석:
• 즐거움: 데니는 만화를 보고 컨트리 음악을 듣는 것을 좋아한다.

또한 중국음식을 좋아한다.

- **참여:** 데니는 매일 트램펄린에서 뛰고 종사자들과 산책을 즐긴다. 또한 파티에 가서 동료들과 교류하는 것을 좋아한다.
- **대인관계:** 데니가 가장 좋아하는 친구는 피터(Peter)이고, 종사자들은 데니가 그와 함께 시간을 보낼 수 있도록 도와야 한다.
- **성취:** 데니는 자신의 옷과 옷을 입는 능력을 자랑스럽게 생각한다.
- **의미 있게 여기는 것:** 데니는 동거인과 매우 가깝게 지낸다. 특히 기관에서 함께 있었던 조니(Johnny)와 친하다. 이 우정은 데니의 삶에 큰 위로와 의미를 가져다준다.

행복 절차:

- **즐거움 향상을 위한 절차:** 데니에게 (동거인들이 무엇을 보고 싶어 하든 상관없이) 집에서 텔레비전으로 만화를 볼 수 있는 기회가 충분히 있어야 한다. 또한 데니는 아이팟으로 컨트리 음악을 들을 수 있는 기회도 가져야 한다. 마지막으로 데니는 식이 제한 범위 내에서 적어도 일주일에 한 번 중국음식을 주문할 수 있어야 한다.
- **참여 증가를 위한 절차:** 데니는 주거 시설 내의 파티에서 친구들과 어울릴 수 있는 기회가 많아야 한다. 이것은 그에게 매우 중요하다. 또한 데니는 종사자의 감독 하에 매일 트램펄린을 타고 그가 원할 때 또는 가능하다면 동거인들과 함께 산책을 해야 한다.
- **관계를 유지하기 위한 절차:** 데니는 친구 피터와 시간을 보내도록 격려받아야 한다.
- **성취를 증가시키기 위한 절차:** 데니가 옷을 사는 것에 대해 보다

긍정적으로 생각해야 하고 데니가 자신이 원하는 모습으로 되 게끔 결정할 수 있도록 도와야 한다.

- 의미 증가를 위한 절차: 데니가 동거인들과 갖는 우정에 대해 많 이 지원해야 한다. 가능하다면 함께 휴가를 보내 멋진 추억을 만들어 낼 수 있다는 것을 고려하도록 해야 한다. 데니는 원하 는 휴가 장소를 적극적으로 선택하고 동거인과 함께 활동을 계 획해야 한다.

트라우마 반응 예방:

- 알려진 촉발요인: 데니는 금발이거나 밝은 머리색을 가진 50세 이상의 여성이 안전하지 않다고 인식한다. 데니는 누군가가 자 신의 앞에서 벨트를 잡으면 매우 화가 난다. 병원을 매우 두려 워하며 병원 안으로 들어가기를 거부한다.

- 힘들어하는 기념일: 데니는 크리스마스 연휴 동안 움츠러들기도 하고 슬퍼하는 것처럼 보인다. 또 펀치 음료수를 사랑하고, 그 것과 선물로 격려를 받지만 추수 감사절 직후와 12월은 한 달 내내 우울해지고 움츠러드는 경우가 많다.

- 신뢰할 수 있고 긍정적으로 연결된 사람들: 데니는 동거인과 집 관 리인인 라토야 존슨(Latoya Johnson)을 사랑한다. 데니는 주간 프로그램에서 오랫동안 빌 제임스(Bill James)와 엘렌 솔로(Ellen Solor)를 알고 지냈고, 그들을 매우 좋아한다고 했다. 데니가 가 장 안전하다고 느끼는 사람들이다.

- 일관성 있게 제공되어야 하는 선택: 데니에게는 주말에 외출할 장 소, TV에서 보는 것, 그리고 제한된 식단 내에서 일주일 동안 무 엇을 먹을지 선택하도록 권장되어야 한다. 이러한 선택은 데니

에게 중요하다.

- **안전하다고 느끼기 위해 필요한 요소:** 데니는 자신만의 방이 있어야 한다. 기관에 있는 동안 밤에 일종의 학대가 일어났다는 것은 명백한 사실이다. 데니는 다른 사람들과 방을 공유하는 것과 야간 조명 없이 자는 것을 좋아하지 않는다. 데니는 자신의 방에 작은 조명(플러그 형식의 야간 조명)이 있어야 한다. 데니는 평소 불안감을 유발하고 심지어 트라우마 반응을 촉발할 수도 있는 중년의 백인 여성들에게 불편함을 느껴 종사자 선택에 있어서 관여할 필요가 있다. 데니는 자동차 앞좌석에 타는 것을 좋아하지 않는다. 때로는 그렇게 할 때 불안감을 느낀다. 데니는 가벼운 옷을 입는 것을 좋아하고 벨트를 좋아하지 않는다. 데니는 벨트에 대한 두려움이 있기 때문에 벨트가 그의 주위에 있으면 안 된다.

  데니는 매일의 정해진 스케줄을 본인이 알고 있을 때 가장 안전하다고 느낀다. 만약 스케줄의 변동이 생긴다면, 데니는 사전에 변동된 스케줄에 따라 대비하고자 한다. 종사자는 데니에게 의사와의 진료 예약 등을 포함한 어떠한 변동이든 미리 말해 주고 데니가 준비할 수 있게끔 해야 한다. 데니는 주변의 큰 소리에 불안해한다. 종사자는 목소리를 낮추어 보통의 목소리 높이로 대화해야 한다. 만약 종사자에게 곤란한 상황이 생겨 격정적인 논쟁이 오간다면 데니는 지나친 불안감을 호소할 것이다.

긍정적인 정체성 개발:

- **긍정적이고 중요한 역할:** 데니는 동거인에게 가장 친한 친구 역할을 하는 것을 매우 자랑스럽게 생각한다. 또한 데니는 직장에서

하는 봉투 채우기 작업을 자랑스러워한다. 그는 직업에 자부심을 느끼고 돈의 액수를 정확히 인지하지는 못하지만 수표를 현금으로 바꾸어 항상 몇 달러가 든 지갑을 가지고 있다는 것을 즐긴다.

• **자존감을 높여 주기 위한 방법:** 종사자들은 데니가 동거인들에게 좋은 친구이자 좋은 동거인이라고 칭찬해야 한다. 종사자들은 데니가 동거인들을 돕기 위해 하는 행동들을 칭찬해야 한다. 또한 종사자들은 데니가 열심히 일하고 돈을 번 뒤 수표를 현금으로 바꿀 때 칭찬해야 한다. 직장에서 데니가 일하는 날에 격려하고 그가 훌륭한 직장인이라는 것을 알려야 한다.

• **동료관계를 긍정적으로 만들기 위한 방법:** 데니는 또래들과 사회활동을 즐긴다. 이것은 그가 사회영역을 넓히는 데 도움이 될 것이다. 그러므로 종사자들은 데니가 친구들과 함께 요리를 하고 때로는 저녁식사를 하는 것을 도와야 한다. 종사자들은 데니에게 그가 얼마나 좋은 친구인지 상기시켜 주고, 데니가 직장 친구나 과거의 다른 친구 중 친목모임에 초대하고 싶은 사람이 있는지 물어봐야 한다. 이것은 데니가 자신을 친목회에 중요한 사람으로 보는 데 도움이 될 것이다.

행동문제 예방:

• **스트레스/촉발요인 발생 시 문제행동 예방방법:**

1. 데니는 사람들 사이의 갈등으로 촉발된다. 만약 직장 프로그램이나 가정에서 큰 갈등이 발생하면 종사자들은 즉시 데니를 위로해야 한다. 가능하면 종사자들은 데니를 다른 곳으로 데리고 가서 산책을 시키거나 집에 있다면 다른 방으로 TV를

보러 가자고 제안해야 한다. 데니가 오랜 기간 동안 분쟁에 휘말리지 않도록 신속하게 실행해야 한다.

2. 만약 데니가 벨트를 본다면 종사자들은 그 벨트를 치우고 "걱정하지 마세요, 데니. 이 주변엔 벨트가 없어요. 모든 사람이 벨트를 갖고 있으면 안 된다는 것을 알려 줄게요."라고 말하고 데니에게 당신은 안전하고 여기 모든 사람은 친구이며 과거는 지나갔다고 안심시켜야 한다.

3. 일반적으로 데니가 불안하게 되면 종사자들은 현재는 안전하고 과거는 완전히 끝났다는 말로 안심시켜야 한다. "데니, 당신은 지금 여기 있고 안전합니다."라고 주기적으로 반복해서 말해야 한다.

4. 데니가 트라우마 반응을 자주 일으키는 유형의 여성 주변에 있다면 종사자들은 즉시 데니에게 그녀의 이름과 근무지를 알려 주어야 하고, 친절하며 다른 기관의 그 종사자와는 전혀 다른 사람이라고 말해야 한다.

• 부정적인 태도를 긍정적인 태도로 전환하는 효과적인 방법:

1. 만약 데니가 화가 나 있다면, 좋아하는 만화를 보게끔 집으로 돌아가도록 할 수 있다. 종사자들은 가능하다면 이러한 만화들을 DVD에 담아 두어야 한다.

2. 데니는 종사자와 함께 일하기 전에 종사자를 만나 인터뷰를 해야 한다.

3. 데니가 불안해할 때 좋아하는 음악을 들을 수 있어야 한다. 이때 아이팟 소지는 필수적이다.

4. 데니는 이벤트를 기대할 수 있어야 한다. 그가 화가 났을 때 다가올 이벤트가 생각나면 기운을 낼 수 있다. 종사자들은 어

떤 상황에서도 데니가 이러한 이벤트에 참여할 기회를 잃게
될 것이라고 말하며 위협해서는 안 된다.

• 트라우마 반응이 촉발될 때 대응방법:

  1. 만약 데니가 '트라우마 마음상태'에 빠지거나 멍한 표정을 짓
기 시작하고 그를 안심시켜도 응답하지 않는 경우, 종사자들
은 데니에게 괜찮은지, 편안한지, 상태에 대해 묻고 부드러운
목소리로 말해야 하며, 또한 그가 어디에 있고 사랑받고 있는
지 상기시켜 줘야 한다. 그에게 "당신은 사랑받는 존재예요."
라고 다시 말해 주고 가능하다면 팔을 쓰다듬어 준다든지 포
옹과 같은 신체적인 행위로 편안하게 해 준다.

  2. 가능하다면 종사자들은 데니가 다른 곳으로 걸어가서 좋아하
는 간식을 먹거나 TV를 보는 것과 같은 익숙한 활동에 기반
을 두도록 권장해야 한다.

• 기념일이 돌아올 때 해야 할 일: 종사자들은 집에서 크리스마스 휴
가를 위한 특별한 기념의식을 갖고 이것이 데니에게 집에서 보
내는 새로운 크리스마스라고 말해야 한다. 종사자들은 데니를
연휴에 대비시키고 새로운 기념의식에 대해 흥미롭게 상의해야
한다.

• 안전감을 확보하는 방법:

  1. 종사자들은 항상 데니가 괜찮은지 연락해야 하고 그가 편안
함을 느끼고 있는지 확인해야 한다. 종사자들은 촉발요인의
목록에 주의를 기울이고 데니에게 괜찮을 것이고 모든 것이
잘 될 것이라고 지속적으로 안심시켜야 한다.

  2. 종사자는 기관에서 지냈던 데니의 삶에 대해 상기시키거나
언급하지 않아야 한다.

- 정신질환을 검토하고 전문가에게 보고하는 방법:

  1. 수면이나 식습관의 변화를 정신과 의사에게 보고해야 한다.

  2. 불안이나 불안과 관련된 행동의 증가를 심리학자 또는 심리학 관계자에게 보고해야 한다.

  3. 보통 즐거운 활동에 대한 애착의 변화나 흥미 부족을 정신과 의사 또는 심리학 관계자에게 보고해야 한다.

- 필요한 치료 중재:

  1. 데니는 정기적으로 미술 치료를 받는다.

  2. 데니는 지적장애인이나 어린이와 함께 일한 경험이 있는 숙련된 EMDR 치료사로부터 트라우마 치료를 위한 EMDR을 받는 것이 좋다.

위기 중재:

- 스트레스 상황에서 정서적으로 연결하는 방법:

  1. 데니가 안전하고 편안하다고 느끼는 사람이 들어와서 앞으로 있을 식사나 다른 활동에 대해 말할 수 있다면 가장 좋다. 마치 다른 사람이 어떤 마법에서 깨어나게 하는 것과 같다. 정신적 마법, 말하자면 데니가 트라우마 상태에 빠져 있을 때 그를 깨어나게 하는 것과 같다.

  2. 만약 그것이 불가능하다면, 참석한 종사자들은 데니에게 차분하게 이야기하면서 다음 이벤트(점심, 저녁 또는 기타)가 무엇인지, 그리고 어떻게 즐거운 시간을 보낼 것인지, 모든 것이 잘되고 있고 지금 당장은 걱정할 것이 없다고 말하면서 데니를 현재로 데려와야 한다. 데니가 그 상황을 벗어나 산책을 하거나 다른 곳으로 가도록 격려하는 것이 최선이다.

3. 스트레스를 받고 문제행동을 보이는 다른 지적장애인이 있다면, 종사자들은 데니가 그 상황에서 벗어나게 하기 위해 함께 다른 곳으로 걸어갈 것을 제안해야 한다.

4. 종사자들이 미래에 대해 차분한 목소리로 말할 때 데니는 가장 잘 반응한다.

- 힘들어하는 상황과 멀어지게 하는 방법: 앞서 언급했듯이 데니는 화가 났거나 위기 상황이 발생했을 때 산책을 하거나 다른 곳으로 가는 것이 최선이다. 종사자들이 데니를 완전히 진정시키기 전까지는 반드시 건드리지 않는 것이 중요하다. 데니가 동요하지 않을 때만 접촉할 수 있다.

- 안전감과 연대감을 제공하는 연결 가능한 사람: 데니는 집 관리인이나 주거 프로그램의 부책임자가 있을 때 가장 최선을 다한다. 그는 주간 프로그램 강사에게도 좋은 반응을 보인다. 데니는 주간 프로그램 실무책임자가 있으면 더욱 동요된다. 데니가 안전하다고 느끼는 사람은 바뀔 수 있기 때문에 종사자들은 데니에게 물어보고 안전한 사람의 목록을 최신 정보로 바꾸어야 한다.

- 입원 기준: 데니가 현실과 동떨어져 현실에 없는 사람의 이름을 언급하고 무의미하게 말하거나 신체적으로 공격적이거나 반복적으로 기물파손을 행하거나 진정될 수 없을 때 입원해야 할지도 모른다.

- 지역사회 응급 서비스 이용 시기: 데니가 만약 그 상황을 벗어난 후에도 공격하거나 기물파손에 대한 시도가 계속된다면 종사자들은 911에 연락해야 한다.

　사례 1과 2는 둘 다 복합 트라우마와 그 결과로 나타난 외상후 스 트레스장애 또는 급성 스트레스장애를 견뎌온 사람에 대한 것이다. 정신건강계획은 성인기에 일반적인 트라우마를 경험한 지적장애인 에게 유용할 수 있다. 이러한 작은 트라우마에는 지적장애인이 종종 급식실과 복도에서 발생한 사건과 같이 공립학교 시스템에서 자주 겪는 경험이 포함될 수 있다. 또한 조부모나 부모의 죽음과 같이 가 족 구성원을 잃는 사건도 포함된다. 대부분의 사람들이 경험하는 정 상적인 트라우마이지만, 사회적 네트워크가 제한적이고 정서적, 심 리적 지원에 대한 접근이 제한된 인지적 장애가 있는 사람에게는 그 영향력이 심각할 수 있다.

사례 3

🔩 피터

　나는 마치 바로 전날 그러한 상실을 겪은 것처럼 사랑하는 사람을 잃은 것을 여러 해 동안 슬퍼하는 지적장애인을 많이 만나보았다. 슬픔은 트라우마의 원천이다(Shapiro, 2001). 지적장애인들은 종종 중요한 대인관계를 갖지 못해 부모 또는 보호자가 사망하면 그것은 단순히 상실이 아니라 세상이 산산조각이 나는 것과 같다. 지적장애 인을 진정으로 소중히 여겼던 유일한 사람을 잃은 것이다. 아버지가 돌아가셨을 때 피터(Peter)의 상실감은 상당히 컸다.

　피터는 아버지와 매우 친밀했고, 아버지는 수년 동안 가장이었다. 피터의 어머니는 피터와 친밀하지 못했다. 피터는 가정에서 살았다.

아버지가 돌아가셨을 때 피터의 정신적 세계는 심하게 파괴되었을 뿐만 아니라, 어머니는 피터를 돌볼 수 없었기 때문에 그를 즉시 주거시설에 입소시켰다. 그래서 피터는 아버지, 집, 일상, 어머니의 존재(그녀는 피터가 시설로 입소한 후 거의 방문하지 않았기 때문), 그리고 삶 전체를 잃는 트라우마를 경험했다. 안타깝게도 나는 가족이 더 이상 지적장애인을 집에서 돌볼 수 없는 것을 여러 번 보았다. 그러한 상황 전환에 상실의 슬픔까지 더해져 더 이상 회복되지 못하는 사람들도 있다. 피터에게 형제가 있다는 것은 다행이지만 다른 것에 대한 상실감은 여전히 엄청난 충격으로 남아 있다.

정신건강계획

이름: 피터 스페인(Peter Spain)

생년월일: 1967년 4월 16일

계획 시행 장소: 주간 및 주거 프로그램

작성자: 카린 하비(Karyn Harvey)

날짜: 2010년 9월 10일

배경: 피터는 1967년 제이크(Jake)와 아일린 스페인(Eileen Spain) 사이에서 4명의 자녀 중 3번째로 태어났다. 피터는 다운증후군과 중증 지적장애를 가지고 있다. 피터는 메릴랜드 주의 루스빌에 있는 부모님 집에서 자랐고 공립학교에 다녔으며 그곳에서 특수교육을 받았다. 피터는 자라면서 장애인 올림픽(Special Olympics)에도 매우 적극적으로 참가하였다. 피터에게는 두 명의 형과 한 명의 여동생이 있다. 피터는 자라면서 아버지와 매우 친밀하였다. 21세에 학교 졸업

후, 피터는 집에 머물면서 이따금씩 아버지의 조경사업을 도왔다. 피터는 40세까지 아버지와 어머니와 함께 살았다. 피터가 40세가 되었을 때, 아버지가 심장마비로 갑자기 사망하였다. 피터는 아버지가 집에서 돌아가셨을 때 함께 있었다. 피터의 어머니는 자신이 피터를 돌볼 수 없다고 생각했다. 피터는 아버지가 돌아가신 지 한 달 만에 주간 및 주거 서비스와 X 커뮤니티에 기반을 둔 기관으로 옮겨졌다. 이러한 전환은 피터에게 매우 힘든 일이었다. 피터는 어머니와 종사자들에게 분노를 표했다. 피터는 매달 방문하는 형 밥(Bob)과 매우 친밀했다.

트라우마 경험: 피터는 아버지의 갑작스러운 죽음이라는 트라우마를 경험했다. 피터는 그러한 상실감에 매우 화가 났다. 피터는 주거 및 주간 서비스로의 전환이라는 트라우마도 경험하였으며 적응에 어려움을 겪고 있다. 피터는 자신이 이러한 프로그램에 참여하게 될 것이라고 생각하지 않았으며, 아버지로부터 이런 일은 결코 일어나지 않을 것이라고 분명히 약속받았다.

진단: **축 I**: V62.82 가족의 사망(bereavement); **축 II**: 중증 지적장애; **축 III**: 다운증후군, 비만; **축 IV**: 최근의 심각한 상실 및 생활환경의 크고 갑작스러운 변화; **축 V**: GAF: 35.

약물 치료: 프로작(Prozac)

진단에 대한 설명: 가족의 사별은 정신건강에 영향을 주는 방식으로 피터가 아버지의 죽음을 슬퍼하고 있다는 것을 의미한다. 피터는

아버지의 사망, 친밀한 관계, 그리고 아버지가 살아있을 때 가졌던 삶을 애도하고 있다. 그는 아버지와 함께 했던 활동에 대해 광범위하게 이야기를 한다. 종사자들은 피터가 밤늦게 자주 운다고 보고한다. 피터가 가지고 있는 유전장애인 다운증후군은 그를 우울증에 빠뜨리게 하는 경향이 있다.

의료문제: 피터는 비만으로 식이요법과 운동개선으로 도움을 받을 것이다. 피터는 다운증후군을 갖고 있기 때문에 알츠하이머의 조기발병과 발생가능성이 있는 모든 심장질환, 수면 무호흡증, 소화기 질환(모두 다운증후군과 관련이 있음)에 대해 주의를 기울여야 한다.

행복 분석:

- 즐거움: 피터는 영화를 보러 가는 것을 좋아하며, 외식을 하고 특별히 데니의 집에서 액션 영화를 보는 것을 즐긴다.
- 참여: 피터는 열정 있는 볼링 선수다. 그는 과거에 볼링 대회에 참여했고 다시 볼링 대회에 참가하고 싶다고 말했다. 또한 피터는 목공을 좋아한다. 그의 형의 이야기에 의하면, 피터는 아버지와 수년 동안 목공일을 했고 특히 새집 만드는 것을 즐겼다고 하였다.
- 대인관계: 피터는 친구 데니와 함께 시간을 보내는 것뿐만 아니라 형제 및 가족과 함께 지내는 것을 즐긴다.
- 성취: 피터는 아버지와 집을 지을 때 도왔던 데크를 자랑스럽게 여기며 자신이 만든 것에 대해 이야기 나누는 것을 좋아한다.
- 의미 있게 여기는 것: 피터는 가족을 매우 소중하게 생각한다. 어머니는 아파서 피터가 원하는 만큼 자주 만나기는 어렵지만, 가

족의 방문은 그에게 매우 중요하다. 피터는 형인 밥과 매우 가까우며 매달 만나기를 기대한다.

행복 절차:

- 즐거움 향상을 위한 절차: 피터는 영화를 보러 가거나 영화를 빌리고 주문할 수 있는 기회를 많이 가져야 한다. 이것은 그가 매우 사랑하는 활동이다. 또한 피터는 종사자들, 친구들과 함께 데니의 집에 갈 수 있는 정기적인 기회를 가져야 한다. 종사자들은 피터가 밤을 어떻게 즐길지 선택하도록 하고 함께 가고 싶은 친구들과 데니의 집에 가도록 격려해야 한다.
- 참여 증가를 위한 절차: 피터가 볼링 대회에 참가할 수 있도록 준비해야 한다. 피터가 자신이 아는 한두 명 이상의 사람과 볼링을 칠 수 있는 대회를 찾는 것이 이상적일 것이다. 또한 피터는 새로 거주하게 된 곳 근처에 있는 성인을 위한 교육 프로그램(초급자를 위한 목공 수업)을 즐길 수도 있을 것이다. 피터가 즐거운 활동을 하는 것은 중요하다. 그런 활동에 더 많이 참여할수록 아버지의 죽음이나 가정에서 생활하지 못하는 상실에 대한 슬픔에 덜 빠져든다. 피터는 가능한 한 많은 기회를 가지고 활동에 참여하고 새로운 친구를 사귈 수 있는 기회를 최대한 많이 가져야 한다.
- 관계를 유지하기 위한 절차: 앞에서 언급했듯이 피터가 친구 데니를 정기적으로 만나도록 도와야 한다.
- 성취를 증가시키기 위한 절차: 피터가 목공 능력을 개발할 수 있도록 도와야 한다.
- 의미 증가를 위한 절차: 피터가 어머니를 만날 수 있도록 돕는 것

이 중요하다. 그의 어머니는 거의 움직이지 못하기 때문에 종사
자들의 도움이 필요하다. 종사자들은 피터가 그의 형과도 잘 만
날 수 있도록 도와야 한다.

트라우마 반응 예방:

- 알려진 촉발요인: 피터는 주간 프로그램에서 함께 일하는 다른 사
람들이 아버지와 함께 시간을 보내는 것에 대해 이야기할 때 매
우 화를 낸다. 또한 피터는 일을 하러 오는 사람들이 부모님과
함께 사는 것에 대해 이야기할 때 화가 난다. 피터는 이러한 순
간에 종사자의 격려를 받아야 한다. 누군가 피터를 산책시키고
그의 기억을 들어 주고 기념해 줄 수 있다면 이상적일 것이다.

- 힘들어하는 기념일: 피터는 어버이날, 아버지의 생신인 10월 13
일과 크리스마스 때 마음의 동요가 일어난다. 이때가 가장 힘들
어하는 시기이며 그 시기 동안 피터는 형이나 또다른 종사자의
도움을 받아야 한다.

- 신뢰할 수 있고 긍정적으로 연결된 사람들: 피터는 형인 밥과 대화
를 하면서 신속히 위로를 받을 수 있다. 또한 피터는 집 관리인
인 제임스 프랫(James Pratt)과 매우 친하다. 피터는 아직 주간 프
로그램에서 친밀한 관계를 형성하지 못했다.

- 일관성 있게 제공되어야 하는 선택: 피터는 함께 거주할 사람과 참
석할 프로그램을 선택할 수 있어야 한다. 이것은 피터에게 매우
중요하다.

- 안전하다고 느끼기 위해 필요한 요소: 피터는 아버지의 사망 소식
을 들었을 때 화장실에 혼자 있었다. 오늘까지도 그는 때때로 화
장실에 들어간 후 속상해하며 그 사건에 대해 반복해서 이야기한

다. 종사자들은 피터가 화장실을 사용할 때 근처에 있어야 한다.

긍정적인 정체성 개발:

• **긍정적이고 중요한 역할:** 피터는 형제로서의 역할과 삼촌으로서의 역할을 매우 자랑스럽게 생각한다. 형과 형수의 방문과 가족을 만나러 가는 것은 피터에게 큰 의미가 있다. 또한 피터는 식물을 다루는 자신의 직업에 자부심을 느낀다. 피터에게 그가 하는 일에 대해 묻는다면 많은 이야기를 할 것이다. 이것은 피터의 정체성에 있어서 중요하고 긍정적인 측면이다. 종사자들은 피터가 형과 연락하고, 형을 만나러 갈 때 필요한 교통수단을 이용할 수 있도록 도와야 한다.

• **자존감을 높여 주기 위한 방법:** 종사자들은 피터가 가족을 만난 후에 훌륭한 동생이자 삼촌이라고 칭찬해야 한다. 또한 피터가 어머니를 위해 하는 모든 노력을 칭찬해야 한다. 피터는 어머니의 죽음을 두려워하고 때로는 어머니를 피하는 것처럼 보이므로, 종사자들은 피터가 어머니를 만나거나 전화를 하기 위해 하는 모든 노력에 지원을 받아야 한다는 것을 이해해야 하고, 피터가 자상한 아들이라는 것을 칭찬해야 한다. 더구나 피터는 사람들에게 자신이 재배한 식물들을 보여 주는 것을 좋아한다. 종사자들이 3~4개월마다 원예 작업현장을 방문하는 것은 피터에게 큰 힘이 될 것이다. 피터가 그동안 키워온 것을 보고, 피터가 한 식물재배 과정을 설명할 시간을 주어야 한다.

• **동료관계를 긍정적으로 만들기 위한 방법:** 피터는 자신을 고립시키고 집에 있을 때 종사자들만 함께 있고 싶어 하는 경향이 있다. 종사자들은 외출을 장려하고 피터에게 어떤 직장 친구를 초대

하고 싶은지 물어봐야 한다. 종사자들은 피터가 관심을 보이거나 만들고 싶어 하는 모든 사회적 관계를 지지하고 격려해야 한다. 피터는 애도기간 동안 자신을 고립시킨다. 이 시기동안 갖는 긴 고립상태는 피터의 건강에 좋지 않으며 종사자들은 피터가 동료와 친구를 사귀도록 강력하게 격려하고 도와야 한다.

행동문제 예방:

- 스트레스/촉발요인 발생 시 문제행동 예방방법: 피터는 다른 사람들이 그들의 아버지와 최근에 함께 보낸 시간을 언급하면 촉발한다. 어버이날을 위한 특별한 계획이 있는지 확인하는 것이 현명할 것이다. 또한 피터는 원예 프로그램에서 함께 일하는 사람이 가족과 떠나거나 이들의 어머니, 아버지가 방문할 때 질투를 하거나 슬픔을 느낀다. 그 사람이 가족과 함께 떠난 후 종사자들은 피터와 시간을 보내는 것이 도움이 된다. 종사자들은 피터의 곁에 함께 있어 주지만 반드시 피터의 감정에 대해 이야기할 필요는 없다. 피터는 종종 좋아하는 종사자의 물리적 존재로 인해 편안함을 느낀다.
- 준비 방법: 모든 종사자는 피터와 함께 일하기 전에 정신건강계획에 대한 교육을 받아야 한다.
- 부정적인 태도를 긍정적인 태도로 전환하는 효과적인 방법: 만약 피터가 화를 내면 종사자들은 그를 간단한 업무로 안내하고, 작업을 수행할 수 있는 능력을 칭찬하는 것이 도움이 될 수 있다. 이것은 피터가 자신이 하는 일에 자부심을 갖는 직장에서 특히 도움이 된다. 집에서 피터는 액션 영화를 즐기고, 영화를 보거나 그가 좋아하는 팝 음악 CD를 듣는 것으로 전환할 수 있다.

- **트라우마 반응이 촉발될 때 대응방법**: 만약 피터가 화를 내면서 아버지 또는 어머니에 대해 말을 한다면, 종사자들은 그와 함께 산책을 하고 기억에 대한 이야기들을 들어 주어야 한다. 이것은 피터에게 매우 도움이 된다. 무시당하면 피터는 점점 흥분한다. 종사자들은 피터가 혼자 시간을 보내고 감정에 대해 이야기하며 추억을 공유할 수 있도록 도와야 한다.
- **기념일이 돌아올 때 해야 할 일**: 종사자들은 어버이날을 위한 특별한 행사를 계획해야 한다. 종사자들은 피터가 형제 및 가족과 휴가를 보낼 수 있도록 가족의 필요한 모든 것을 도와야 한다.
- **안전감을 확보하는 방법**: 만약 피터가 몹시 화가 나 있거나 크게 울면 종사자들은 피터를 내버려 두지 말고 함께 앉아 침착해질 때까지 그의 말을 들어야 한다. 종사자들은 피터가 화장실에 혼자 있을 때 근처에 있어야 한다.
- **정신질환을 검토하고 전문가에게 보고하는 방법**:
  1. 종사자는 수면이나 식습관의 변화가 있으면 정신과 의사에게 보고해야 한다.
  2. 종사자는 즐거운 활동에 대한 정서의 변화나 관심 부족을 정신과 의사 및 심리학자에게 보고해야 한다.
- **필요한 치료 중재**: 피터는 슬픔 치료에 중점을 두고 매주 상담을 계속해야 한다.

위기 중재:
- **스트레스 상황에서 정서적으로 연결하는 방법**:
  1. 피터가 아버지를 잃은 것에 대해 매우 속상해할 때 형과 형제, 가족과의 상호작용에 대한 약속으로 위안을 받는다. 만약 종

사자들이 피터의 말을 듣고 그를 위로한 다음 형에게 전화를 걸거나 방문할 것이라고 말하면 피터는 위로를 받게 된다. 피터는 자신이 무시당하고 있다고 느끼지 않고 더 이상 나쁜 소식이 있다고 느끼지 않는다면 위기 모드로 들어가지 않는다.

2. 피터의 어머니가 돌아가시거나 매우 아플 경우 종사자들은 피터에게 광범위한 정서적 지원을 제공할 준비가 되어 있어야 하며 치료사에게 연락해야 한다.

• 힘들어하는 상황과 멀어지게 하는 방법: 피터가 기물을 파손하고 있다면 종사자들은 끝날 때까지 기다리겠다고 알려야 한다. 그 상황에서 종사자들이 침착하고 조심스럽게 대해 준다면 피터는 본인의 격한 감정을 멈추고 종사자와의 대화에 응할 가능성이 높다.

• 안전감과 연대감을 제공하는 연결 가능한 사람: 위에서 언급했듯이 피터의 형은 피터가 흥분했을 때 연락해야 할 사람이다. 이러한 시점에서 피터의 형은 자신의 휴대전화로 전화받을 용의가 있다. 만약 형이 부재중이라면 피터의 집 관리인에게 연락해야 하며, 그는 피터와의 대화를 통해 정서적인 도움을 줄 수 있을 것이다. 치료사는 또한 정서 지원을 보완할 수 있고 필요시 휴대전화로 연결될 수 있어야 한다.

• 입원 기준: 정신과 입원이 필요할 수 있는 유일한 상황은 피터가 자해하거나 자살하고 싶다고 표명한 경우뿐이다. 긴급대기 심리학 관계자에게 즉시 통보해야 한다.

• 지역사회 응급 서비스 이용 시기: 만약 피터가 자해 또는 자살을 시도했거나 시도 중이라면 911에 연락해야 한다.

6장에서 나는 트라우마의 부정에 대해 논의했다. 작은 트라우마의 경험은 심각하게 여겨지지 않고 있기 때문에 지적장애인들이 계속해서 겪게 된다. 내가 말하는 부정은 당신이 방금 경험한 것을 경험하지 않았고 당신이 목격한 현실은 결코 일어나지 않았다고 말하는 것이다.

예를 들어, 성추행을 당한 지적장애인들은 성추행을 당하지 않았다고 말했다. 지적장애인들과 함께 일하는 치료사로서의 경험에서 이러한 개인의 학대경험은 종종 가족 구성원들에 의해 무시되었다. 학대를 경험했지만 가족은 종종 이것을 부인한다. 학대 자체는 큰 트라우마로 충격적인 것이다. 그러나 이를 무시하는 것 또한 트라우마이기도 하다.

지역기관에 배치된 후에도 부정은 계속된다. 예를 들어, 이유가 불명한 고통은 종종 무시되거나 가짜로 간주된다. 머리 부상으로 인해 사람들은 때때로 환상을 보는 고통을 겪을 것이다. 또는 직접 모욕당해서 화가 날 때, 비록 모욕을 당했음에도 불구하고 그들은 종종 모욕이 없었다고 말했다. 자신의 경험이 무시되면 혼란이 일어날 수 있고, 더 깊은 의심과 수치심이 생길 수 있다. 이것은 그 자체로 작은 트라우마다.

사례 4

🎙 샤론

샤론(Sharon)은 어머니로부터 '샤론은 성적 학대를 결코 받은 적이 없다.'는 말을 들었을 때, 트라우마를 경험했다. 그녀는 어린 시절 의붓아버지로부터 상습적으로 성적 학대를 당해 어머니에게 이야기했다. 하지만 어머니 반응은 샤론이 틀렸다는 것이었다. 내 경험상 이와 같은 일들은 지적장애 아동과 성인에게 흔히 발생한다. 어떠한 일이 생기고 난 후, 신고를 하면 오히려 그들이 잘못됐다는 말을 들었고 아무 일도 일어나지 않았던 것처럼 되어 버렸다. 지적장애인들은 너무 무기력하기 때문에, 이런 방식으로 사건의 가해자와 조력자는 처벌에서 벗어날 수 있었다. 이로 인해 피해자는 자신의 주장이 맞았는지 의문을 품게 된다.

샤론에게도 그런 일이 일어났다. 인간으로서 가치가 없다고 느끼는 것 외에도 그녀는 평생 동안 자신의 생각에 끊임없이 의문을 품었다. 그녀가 견뎌내야 했던 성적 학대는 심리치료사가 계속해서 치료해야 했고 트라우마도 지속적으로 다루어져야 했다. 그러나 샤론은 자신의 감정과 경험의 실체를 계속해서 의심했다. 자기의심은 샤론의 삶의 모든 측면으로 파고들었고 자아가 망가져 상당 기간 동안 종사자에게 극단적으로 의존해야만 살 수 있는 신세가 되었다. 샤론이 자신의 감정의 타당성을 주장하며 분노와 반항을 폭발할 때 종사자들은 샤론을 '문제행동을 하는 사람' 또는 '나쁜 사람'으로 분류한다. 샤론의 분노경험이 다시 무시되고 종사자에게 의존하는 무기력한 사람이 될 때 샤론은 착하다는 칭찬을 받을 것이다. 이것은 지적장애인들에게서 자주 되풀이된다.

샤론을 위해 작성된 행동수정계획은 그녀의 언어적 공격성과 신체적 공격성을 다루기 위해 작성되었다. 이 계획은 성적인 문란을 다루기도 했지만 성적 문란은 주로 심리치료 과정에서 다루어졌다. 이후 샤론은 한 번에 한 사람과 관계를 맺고 있다. 행동계획은 샤론의 느낌이 부정당하는 '나쁜 샤론'과 자신의 감정과 경험을 억누르는 가운데 스스로를 억압하며 억지로 다른 사람과 협력해야 하는 '좋은 샤론'으로 초점이 맞추어졌다. 정신건강계획은 샤론이 더 의미 있는 삶을 발전시킬 수 있을 뿐만 아니라, 나중에 수치심을 불러일으킬 정도로 감정을 폭발하는 방식이 아니라 자신의 감정을 솔직하고도 개방적으로 표현하도록 도울 것이다. 정신건강계획은 행동을 통제할 필요가 있는 '행동하는 개체'로 샤론을 간주하기보다는 샤론의 감정과 경험을 이해하도록 종사자들의 초점을 전환시켜 줄 것이다. 종사자들은 샤론을 통제하려는 시도를 완화했고 대신 지원모드로 전환할 수 있었다.

정신건강계획

이름: 샤론 뉴먼(Sharon Newman)
생년월일: 1984년 2월 13일
계획 시행 장소: 주거 및 직장 환경
작성자: 카린 하비(Karyn Harvey)
날짜: 2010년 3월 4일

배경: 샤론 뉴먼은 메릴랜드의 헤이거스 타운에서 리사(Lisa)와 존 뉴먼(John Newman) 사이에서 태어났다. 그녀는 세 딸 중 첫째였다. 샤론은 3세에 언어발달상 의미 있는 발달지표 규준에 도달하지 못했고 이 시기에 가족 주치의가 발달지체를 감지했다. 샤론의 얼굴 특징은 태아 알코올 증후군을 앓고 있는 사람과 유사한 것으로 관찰되었지만 이 증후군은 확인되지 않았다. 샤론은 공격성과 행동문제에 대한 부모의 불만으로 12세에 기숙학교로 보내졌다. 학교에 있는 동

안 샤론은 아버지로부터 세 차례에 걸쳐 성폭행을 당했다고 폭로했다. 이러한 주장은 가족에 의해 부인되었고 증거는 수집되지 못했다. 학대는 기본적으로 무시되었다.

샤론은 21세에 X 기관으로 이전할 때까지 거주지에 머물렀다. 그곳에서 그녀는 주간 및 주거 서비스를 받았다. 샤론의 부모는 샤론이 13세 때 이혼했다. 샤론은 더 이상 아버지와 연락을 하지 않았다. 샤론의 어머니는 계속해서 그녀의 삶에 관여했으며, 2~3개월마다 그리고 휴가기간 동안 집으로 데려갔다. 샤론은 X 기관에 남았고 그녀의 거주지와 고용지원을 받는 데에 성공했다.

트라우마 경험: 샤론은 아버지에게 성적 학대를 당했다. 모든 면에서 이 주장은 사실인 것처럼 보인다. 그녀의 치료사는 실체적인 기억과 연관된 감정을 확인했다. 샤론은 부모의 이혼과 아버지의 부재로 인해 트라우마를 겪었다. 또한 샤론은 자신이 성적으로 학대를 당했다는 것을 가족이 믿지 않는다는 사실로 인해 계속해서 화가 났다.

진단: 축 I: 없음; 축 II: 301.83 경계선 인격장애, 317 경도 지적장애; 축 III: 비만; 축 IV: 성적 학대 이력, 가족 간 어려움; 축 V: GAF: 50.

약물 치료: 프로잭(Prozac)

진단에 대한 설명: 경계선 인격장애가 있는 사람들은 종종 사랑, 관심에 대한 끊임없는 욕구를 가지고 있다. 경계선 인격장애를 가진 많은 사람들은 어렸을 때 성적으로 학대를 받아 왔다. 이 성적 학대의 경험을 통해 그들은 어린 나이에 거짓말을 하고 보상을 받았으며,

부자연스러운 친밀감을 경험했다. 그 결과, 조작하거나 거짓말을 할 수도 있고, 종종 친밀감을 갈망하여 위기를 만들어 가까이 다가갈 수 있으며, 문란함이나 바람둥이의 패턴을 가질 수도 있다. 그 패턴은 샤론에게 해당하고, 샤론과 함께 일하는 사람들은 성적 학대의 초기 경험으로부터 끊임없이 관심을 추구하는 행동의 근원을 이해해야 한다.

의료문제: 샤론은 비만으로 어려움을 겪고 있으며 칼로리 조절을 하기 위해 종사자의 도움을 필요로 한다.

행복 분석:

- 즐거움: 샤론은 외식하는 것을 좋아하고 영화 보러 가는 것을 즐기며 리얼리티 쇼를 보는 것을 좋아한다.
- 참여: 샤론은 스포츠보다 사교 활동을 위한 볼링을 좋아한다. 예컨대 파티에 가기, 저녁 식사를 위해 친구 만나기, 집에 손님 초대하기 등이다. 샤론의 사회생활은 즐거움과 참여의 한 형태이다.
- 대인관계: 샤론은 친구들을 매우 아끼고 그 친구들과 시간을 보낼 기회를 가져야 한다.
- 성취: 샤론은 자신의 일과 주기적으로 하는 일을 자랑스럽게 생각하며 이는 긍정적인 정체성을 구축하는 데 도움이 된다. 또한 샤론은 자신의 외모를 자랑스러워한다.
- 의미 있게 여기는 것: 샤론은 가족과 함께 보낼 수 있는 시간과 번 돈으로 가족을 위해 살 수 있는 선물에 많은 의미를 갖는다. 또한 샤론은 남자친구와의 관계에서 의미를 찾는다. 그녀는 남자

친구와 결혼하기를 매우 원하고 있으며, 미래에 아내로서의 역할에서 의미를 찾고 있다.

행복 절차:

- 즐거움 향상을 위한 절차: 샤론은 적어도 일주일에 한 번은 저녁 식사를 위해 나갈 기회가 있어야 한다. 게다가 종사자들은 한 달에 한 번 이상 그녀가 영화를 관람할 수 있도록 도와야 한다. 샤론은 다른 사람들이 생활 정보 채널을 보는 동안 자신이 즐기는 리얼리티 프로그램을 시청할 수 있도록 자신의 방에 TV를 요청했다. 종사자들은 샤론의 방에 작은 TV를 구입하기 위해 돈을 마련해야 한다.
- 참여 증가를 위한 절차: 샤론이 즐기는 파티와 볼링 대회로 가는 교통수단을 확보해야 한다. 또한 종사자들은 샤론이 친구들과 저녁 식사를 하고 주기적으로 친구를 집에 초대하도록 도와야 한다.
- 관계를 유지하기 위한 절차: 샤론이 주말에 남녀 친구를 만나는 것을 도와야 한다.
- 성취를 증가시키기 위한 절차: 샤론이 외모를 개선하고 손톱, 머리카락 등을 다듬는 데 도움을 주어야 한다.
- 의미 증가를 위한 절차: 샤론과 남자친구 사이의 데이트가 용이하도록 도와야 한다. 게다가 종사자들은 샤론을 위한 가족 방문을 지원해야 하며, 샤론이 집에 가기에 "충분히 좋지 않다."거나 "방문할 자격이 못 된다."라는 말을 할 때 그 내용을 가족에게 전해서는 안 된다.

트라우마 반응 예방:

- **알려진 촉발요인**: 샤론은 힘든 상황에 처해 적절하게 대응할 수 없는 경우, 거짓말을 하기 시작했고 그 횟수가 점점 많아졌다. 거짓말 자체는 촉발되었고 그녀가 불안하고 화가 났다는 것을 의미한다. 이것은 성적 학대 기간 동안의 패턴이었으며, 스트레스를 받을 때 나타나는 강박적인 행동과 거짓말 자체가 공황반응을 촉발했을 가능성이 있다.

- **힘들어하는 기념일**: 알 수 없는 이유로 샤론은 종종 흥분하고 심지어 그녀의 생일 전날에도 혼란을 겪는다. 샤론은 기억과 연상으로 인해 아마도 화가 날지도 모른다는 불안감에 사로잡힌 것 같다.

- **신뢰할 수 있고 긍정적으로 연결된 사람들**: 샤론은 집 관리인, 직업 강사, 남자친구와 매우 가깝다. 그녀는 이 사람들과 함께 있으면 안전함을 느끼고 거짓말을 한 후에도 종종 그들에게 진실을 말한다.

- **일관성 있게 제공되어야 하는 선택**: 샤론은 주말 활동에 대해 발언권을 가질 수 있어야 한다. 종사자 및 친구들과 사교적이고 관심 있어 하는 것을 주말에 함께 할 수 있도록 계획하는 것은 그녀에게 매우 중요하다.

- **안전하다고 느끼기 위해 필요한 요소**: 샤론은 사람들이 자신의 말을 듣고 감정과 활동에 대해 많은 것을 말할 때 안전함을 느낀다. 샤론은 불행하다고 느끼거나 종사자가 그녀와 매일 대화할 시간이 없는 경우 사람들이 자신의 말을 듣도록 거짓말을 하거나 상황을 조작할 수도 있다(하루에 여러 번 선호). 사람들이 샤론과 대화를 하게 되면 샤론은 더 이상 거짓말을 하는 상황을 만들

필요가 없어 보인다. 그녀에게는 경청이 중요하다. 더 많은 종사자가 샤론의 말을 들을수록 샤론은 더 안전하고 행복해한다.

긍정적인 정체성 개발:

• 긍정적이고 중요한 역할: 샤론은 자신이 직장에서 하는 일에 대해 매우 자랑스러워한다. 직장과 가정에서 종사자들은 이러한 노력을 계속해서 칭찬해야 한다. 또한 샤론은 여자친구 역할을 자랑스러워하며 아내가 되기를 기대하고 있다. 종사자들은 샤론의 관계 기술을 발전시키는 데 격려하고 지지해야 한다.

• 자존감을 높여 주기 위한 방법: 샤론은 구체적인 칭찬에 잘 반응한다. 샤론은 새로운 기술을 배우는 것을 즐긴다. 비록 그녀가 이러한 기술들을 배우는 데 상당한 시간이 걸릴지 모르지만 결국 배울 것이고 새로운 기술을 습득한 후에는 매우 자랑스러워하고 흥분할 것이다. 종사자들은 샤론과 가능한 한 많은 시간을 교육에 투자해야 할 것이다.

• 동료관계를 긍정적으로 만들기 위한 방법: 샤론은 매우 사교적이어서 종사자의 지원이 제공되면 친구들을 집으로 초대하고 야외활동을 할 것이다. 사회 활동뿐만 아니라 남자친구와 함께하는 활동은 그녀에게 큰 의미가 있으며 격려되어야 한다. 샤론이 다른 사람들에게 친구로, 또한 여자친구로 여겨진다는 것은 긍정적인 자아 정체성을 형성하는 데 도움을 준다.

행동문제 예방:

• 스트레스/촉발요인 발생 시 문제행동 예방방법:

  1. 샤론은 거짓말을 들키면 화를 낸다. 만약 종사자가 그녀가 거

짓말을 하는 것을 알아채고 비우호적인 태도로 대한다면 폭
발하게 될 것이다. 샤론이 거짓말을 하고 있다면 종사자들은
다른 사람 앞에서 공개적으로 그녀를 지적하면 안 된다. 샤론
의 말을 듣고 나중에 개인적으로 무슨 일이 일어나고 있는지
물어봐야 한다. 그런 다음 샤론이 어떤 문제나 이슈를 가지고
종사자에게 찾아올 수 있다는 것을 이해하도록 해야 한다. 또
한 종사자는 샤론에게 그녀가 있는 그대로 받아들여지고 있
고, 있는 그대로 괜찮으며 관심이나 보살핌을 받기 위해 위기
나 극적인 사건이 필요 없다는 것을 전해야 한다.

2. 예를 들어, 샤론이 남성이나 남자친구에게 거절당한다면, 이
거절은 종종 외상적인 자해 또는 문란한 시도라는 트라우마
반응을 촉발할 것이다. 샤론이 거절을 당하는 일이 발생하면
종사자들은 그녀에게 충분히 공감하고 손톱을 다듬거나 쇼핑
하는 것과 같은 '소녀의 날'을 만들어 샤론을 위로할 수 있는
특별한 시간을 갖는 것이 중요하다. 이렇게 되면 샤론은 거부
로부터 회복할 수 있다.

• **준비 방법**: 종사자들은 샤론과 함께 일하기 전 그녀에 대한 계획
에 대해 철저히 교육받아야 한다. 또한 샤론이 만들려고 시도할
수 있는 모든 위기의 시작을 분산시키고 방향을 전환할 준비가
되어 있어야 한다. 종사자는 샤론이 화가 나기 시작할 때 그녀의
관심 방향을 바꿀 수 있는 관심사와 활동 목록을 가지고 있어야
한다.

• **부정적인 태도를 긍정적인 태도로 전환하는 효과적인 방법**: 샤론이 거
짓말을 하거나 문란한 행동을 한다면 종사자들은 긍정적인 부분
에 초점을 맞추고 머리를 손질하거나 쇼핑을 하거나 재미있는 영

화를 보러 가는 것과 같은 소녀들의 활동을 즐기도록 지시해야
하며, 부정적인 것에 연연하지 않도록 도와야 한다. 샤론의 치료
사와 소통해야 하며 추가적인 치료 기회를 받아야 한다. 자해를
할 경우 즉시 치료사에게 연락해야 한다. 샤론은 여성끼리 유대
하는 활동으로 크게 위로받고 치료에도 잘 반응한다.

- 트라우마 반응이 촉발될 때 대응방법:

1. 샤론이 가족과 갈등이 있는 경우 종사자들은 치료사에게 연
   락하여 샤론이 회기 상담을 위해 치료사를 만나볼 수 있게 하
   거나, 전화로 이야기를 하도록 준비해야 한다. 종사자들은 가
   족의 편을 들지 않고 샤론의 말을 들어야 하지만 대신 적극적
   인 경청 기술을 사용하여 샤론의 감정을 처리하고 그녀의 감
   정의 타당성을 지원해야 한다. 이것은 매우 중요하다.

2. 샤론이 직장동료, 남자친구 또는 다른 친구로부터 어떤 식으
   로든 거절을 당한다면 종사자들은 샤론과 특별한 일대일 시
   간을 보내고 거절당하는 감정을 통해 최대한 그녀를 교육해
   야 한다.

- 기념일이 돌아올 때 해야 할 일: 샤론은 그녀의 생일을 맞이할 특
  별한 계획을 미리 종사자들과 세워야 한다.

- 안전감을 확보하는 방법:

1. 샤론은 상태를 확인받기 위해 치료사를 정기적으로 만나야
   한다.

2. 샤론은 남자친구를 만날 수 있도록 허용되어야 하며 종사자
   의 지원을 받아야 한다.

3. 샤론이 어머니와 힘든 대화를 나누었다면 종사자들은 샤론과
   일대일로 시간을 더 보내고 그녀를 잘 격려해야 한다. 샤론이

자해의 위험이 가장 큰 시기이기 때문에 남자친구와 문제가 있을 경우에도 마찬가지이다.

- 정신질환을 검토하고 전문가에게 보고하는 방법: 종사자는 수면이나 식습관의 변화를 정신과 의사에게 보고해야 한다. 또한 종사자들은 샤론이 평소 즐기는 일에 흥미를 잃거나 더 이상 동료들과 교제하고 싶어 하지 않고 가족이나 남자친구를 만나고 싶어 하지 않는 경우 보고해야 한다. 샤론이 우울증 징후를 보였던 크리스마스 연휴 무렵에 이와 같은 일이 한 번 발생했다.
- 필요한 치료 중재: 샤론은 정기적으로 치료사를 만나야 하며, 자해나 거짓말이 증가하면 추가 회기를 실행해야 한다.

위기 중재:

- 스트레스 상황에서 정서적으로 연결하는 방법: 샤론은 화가 나면 그녀의 외모에 대해 말하는 것을 좋아한다. 그녀는 칭찬에 잘 반응하며 자신의 외모에 대해 좋은 느낌을 갖도록 도와주는 누군가와 연결될 수도 있다.
- 힘들어하는 상황과 멀어지게 하는 방법:
  1. 성적으로 지극히 위험한 상황에 있는 샤론에게 다가갈 때 종사자는 목소리를 높이지 말고 샤론이 마음을 가다듬고 종사자들과 개인적으로 이야기를 나누도록 침착하게 요청해야 한다. 샤론이 굴욕감을 느끼지 않게 하는 것이 중요하다. 종사자는 샤론이 자신의 행동을 반성하도록 해야 하며, 스스로 목표와 안전 규칙을 기억하고 자신의 목표에 따라 행동하도록 격려해야 한다.
  2. 샤론이 화가 나서 자해를 하거나 외상을 입을 경우 종사자는

즉시 그녀를 막고 적절한 응급처치를 취한 후 담당자에게 연락하여 그녀를 괴롭히고 있는 것이 무엇인지 샤론과 상의해야 한다. 또한 종사자는 치료 회기를 준비해야 한다. 종사자들은 샤론이 즉시 정신치료를 받게 할 필요는 없다. 종사자들은 약을 바꾸기 위해 즉각 정신과 의사의 진료를 받게 하기보다는 정신의학적 문제가 아니라 정서적 문제로 이 문제를 다루어야 한다.

- 안전감과 연대감을 제공하는 연결 가능한 사람: 샤론은 그녀의 집 관리인, 직업강사 및 남자친구와 함께 있을 때 안전하다고 느낀다. 샤론이 생활하는 동안 어려움을 겪은 일이 있다면 가능한 한 빨리 집 관리인과 이야기할 수 있어야 한다. 샤론은 힘든 시간을 겪고 있는 하루 이틀 안에 남자친구를 만날 수 있어야 한다. 종사자들은 이러한 연결을 지원하고 대면할 시간을 갖기 위해 도와야 한다.
- 입원 기준: 샤론은 지금까지 정신과 문제로 입원할 필요가 없었지만 심각하고 반복적인 우울증 및 자해 증상을 보이는 문제가 있다면 치료사에게 연락을 해야 한다.
- 지역사회 응급 서비스 이용 시기: 샤론은 정신과적 응급상황에 대해 아직 911에 연락할 필요가 없었다. 정신과적 응급 상황이 발생하면 먼저 담당자에게 연락을 취해 그가 911에 연락할지 말지를 결정하게 해야 한다.

나와 함께 일했던, 경계선 인격장애 진단을 받은 사람들은 모두 트라우마를 경험했다. 나와 함께 일한 사람들 대부분은 경도의 지적장애를 가지고 있었고 성적 학대를 경험한 적이 있었다. 성적 학대를 경험하지 않았던 사람 중에 드문 경우, 1세에서 6세 사이에 심각한 의학적 트라우마를 경험했다. 그들은 모두 과도한 성인의 관심에 노출되어 있었다. 이들은 비정상적인 방식으로 성인들의 관심의 대상이 되었다. 병원 치료를 통해서나 불법적이고 학대적인 성적 관계를 통해서라도 일단 그 정도의 관심에 노출되면 동일한 정도의 관심을 갈망하기 시작한다.

샤론처럼 성적 학대를 받은 사람들은 거짓말한 것에 대한 보상을 받았고, 많은 경우 '특별한 사랑'을 했다는 말을 들었다. 그것이 육체적 만족을 위한 학대에 불과하다는 사실을 알게 된다면 얼마나 끔찍한 일일까? 신체적으로 이용당하면서도 자신이 특별하고 큰 사랑을 받는다고 생각했을지도 모르는 사람들은 나중에 더 이상 필요하지도 않고 그렇게 특별하지도 않았다는 것을 알게 된다. 어떤 경우에는 다른 사람들이 그들의 자리를 대신했고, 또 어떤 경우에는 성적 학대를 했던 범죄자들이 감옥에 갔다. 의학적 치료를 받아 회복된 후에 더 이상 큰 관심을 받지 못한다는 사실을 알게 되어 실망할지도 모른다. 나의 경험에 따르면 상호작용과 관심을 통해 충족되는 친밀함에 대한 그들의 채워지지 않는 욕구를 성인이 될 때까지 만들어 냈다.

친밀함이 반드시 성행위나 성적인 관계를 의미하는 것은 아니다. 그것은 그들이 한때 익숙했고 이젠 다시 얻고 싶어 하는 관심의 수준을 의미할 수도 있다. 무엇이 친밀함을 만들어 줄까? 확실하게도 '위기'가 친밀함을 만들어 준다. 학대, 필요, 욕구, 상실감 등 점점 확대되는 이 모든 것이 높은 수준의 친밀감과 관심을 불러낸다. 나와 함께 일한 경계선 인격장애를 가지고 있는 사람들은 친밀함과 관심에 대해 끊임없이 갈망하거나 학대당한 경험이 있고 드물기는 하지만 어릴 때 극심한 정신의학적 문제를 가지고 있다. 경계선 인격장애를 갖고 있는 사람들은 위에서 언급한 모델에 들어맞는 것 같다. 물론 경계선 인격장애를 갖고 사람들이 모두 성적 학대를 당했거나 어린 시절에 의학적 어려움을 겪었던 것은 아니다. 문헌 고찰에서, 파리스(Paris, 2008)는 학대가 경계선 인격장애의 위험요소라고 결론 지었다. 솔로프와 린치, 켈리(Soloff, Lynch, & Kelly, 2002)는 경계선 인격장애 환자가 『정신질환의 진단 및 통계 편람』에서 진단되는 환자보다 성적 학대 발병률이 현저히 높다는 사실을 밝혀냈다.

그러나 경계선 인격장애와 지적장애를 가진 사람들과 함께 일할 때 가장 중요한 점은 아동기 트라우마, 특히 아동기 성적 트라우마가 높다는 것을 이해하는 것이다. 인격장애에서 나타나는 성적 학대 증상에 초점을 맞추어 해당 증상만을 치료하지 않는 것이 중요하다. 즉, 증상의 근저에 있는 트라우마를 근본적으로 해결해야 한다. 수년 동안 지적장애 및 경계선 인격장애를 가진 사람들은 수정될 수 있는 사람으로 취급되었다. 거짓말과 위기를 유발하는 행동을 통제하고 줄이기 위해 매우 구조화된 행동지원계획이 사용되었다. 그러한 중재는 행동을 완전히 통제하기보다 단지 끝없는 힘겨루기를 불러일으켰고 새롭고 더 창의적인 행동문제가 출현되도록 촉발했다. 경계선 인격장애는 트라우마 경험과 관련된 정서장애로 간주되어야 한다.

많은 경우에 경계선 인격장애와 지적장애를 가진 사람들은 트라우마 마음상태를 가진 사람의 프로파일과 일치한다. 이러한 사람들은 종종 트라우마를 겪었던 시절로 되돌아간다. 트라우마 마음상태 속에서 종사자들과 다른 사람들은 부모의 역할을 맡고, 경계선 인격장애와 지적장애를 가진 사람은 아동의 역할을 수행하게 된다. 이러한 역할극은 종종 격렬한 극적인 사건이 되기도 한다. 종사자들은 이들의 트라우마를 분별해 내고 회복과정을 인지할 수 있을 때, 비로소 그들로 하여금 이러한 패턴에서 벗어나 현재로 돌아갈 수 있도록 도와주는 방법을 배울 것이다.

참고문헌

Paris, J. (2008). *Treatment of borderline personality disorder.* New York: Guilford Press.

Shapiro, F. (2001). *Eye movement desensitization and reprocessing (EMDR): Basic principles, protocols, and procedures.* New York: Guilford Press.

Snyder, C. R., & Lopez, S. J. (2007). *Positive psychology: The scientific and practical explorations of human strengths.* Thousand Oaks, CA: Sage.

Soloff, P. H., Lynch, K. G., & Kelly, T. M. (2002). Childhood abuse as a risk factor for suicidal behavior in borderline personality disorder. *Journal of Personality Disorders, 16,* 201-214.

11
트라우마 관점의
프로그램 서비스

지역사회에 기반을 둔 기관에 오는 모든 사람이 트라우마의 수준과 정도를 평가받고, 안전하게 느끼며 다른 사람들과 연결되고 권한을 부여받도록 지원해 주는 서비스를 받는다고 상상해 보라. 사건이 발생했을 때 약을 먹이거나 나쁜 사람처럼 취급하는 대신 트라우마가 있었는지 분석하게 될 것이다. 이 분석에는 트라우마를 촉발하는 요인이 무엇인지, 지적장애인이 무슨 이유로 안전하지 않다고 느끼는지, 왜 중요한 연대감에서 소외됐는지, 무력감과 통제력 부족에 대한 인식이 어떠한지 조사할 수 있다. 분석이 완료된 후 지적장애인이 속한 팀은 그 사람이 안전감을 얻고 연대감을 느끼며 권한을 부여받는 데 필요한 요소를 제공하여 지원하기 위해 협력할 수 있을 것이다.

심지어 긍정적 행동지원조차도 종사자로 하여금 사람보다는 행동에 초점을 맞추도록 한다. 제한적이고 모욕적인 기술을 사용하는 것보다 행동통제에 대해 긍정적인 태도를 취하는 것은 훨씬 낫지만, 여전히 그 개인이 누구이며 행복해지기 위해 무엇을 필요로 하는지 관심을 가지지 않는다.

만약 주디스 허먼(Judith Herman, 1997)이 말한 안전감, 연대감, 권한 부여의 회복모델을 유지한다면 개인은 큰 트라우마(big T)와 작은 트라우마(little t)에서 모두 회복할 뿐만 아니라 나아가 그들의 행복과 성장에 집중할 수 있게 된다. 이 회복모델은 계획을 적용하는 데 이상적이다. 만약 우리가 지역사회에 기반을 둔 기관이나 유사한 구조 내에서 누군가를 위해 서비스를 제공한다면, 서비스의 모든 측면에서 회복모델을 토대로 점검할 필요가 있다([그림 11-1] 참조).

안전감

안전감이 중요하다. 사람들은 무엇보다도 자신의 집에서 안전함을 느껴야 한다. 안타깝게도 나와 함께했던 상당히 많은 지적장애인은 자신의 집에서 안전하다고 느끼지 못했기 때문에 치료나 행동중재로부터 효과를 얻을 수 없었다. 지적장애인이 안전하다고 느끼지 못한다면 아무 소용이 없다. 허먼(1997)은 이것을 거듭 주장했다. 본인들이 안전하다고 느끼지 않으면 그 누구의 치유도 시작될 수 없다.

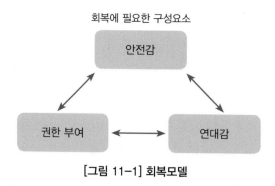

[그림 11-1] 회복모델

때로는 아무도 안 보는 곳에서 종사자가 "만약 정리하지 않으면 [X]를 하겠다."라고 하거나 "한 번 더 그러면 내가 어떻게 할 건지 말했죠." 등의 말로 위협한다. 종사자가 함께 일하는 지적장애인의 정서적 요구를 인지하는 훈련을 충분히 받지 못하면 그들이 봉사해야 하는 사람의 행동을 통제하는 것이 자신의 일이라고 느끼게 되어, 종사자는 될 대로 되라는 심정으로 무의식적으로 부모 모드(parental mode)로 빠져들게 된다. 심리학자는 종사자들에게 행동을 통제하기를 기대한다는 메시지를 주기도 한다. 하지만 우리가 다른 사람을 통제하려고 할 때, 우리 중 많은 사람은 자신이 훈육되었던 방법으로 되돌아가게 된다.

- 위협받는 사람은 결코 안전하다고 느낄 수 없다.
- 굴욕적이거나 통제하는 방식으로 대화하는 사람과 사는 그 집에서는 누구도 진정으로 휴식을 취할 수 없다.
- 매일 어떤 식으로든 해로운 일을 당하는 사람은 치유를 시작할 수 없다.

주간 프로그램이나 직장에서 지적장애인은 다른 동료에 의해 일종의 놀림이나 괴롭힘을 당할 수 있다. 이것은 흔한 일이다. 나는 종사자들이 중재하기보다 끼어들어 맞장구치는 경우를 본 적이 있다. 굴욕이나 공격의 위협이 끊이지 않는데 어떻게 지적장애인이 직장에서 안전하다고 느낄 수 있겠는가? 그러한 상황에서 안전감은 없다. 다시 말하지만 많은 지적장애인은 투쟁−도피 또는 얼어붙음 반응으로 되돌아갈 수 있다. 그런 행동으로 인해 행동계획이 실행되고, 모두가 지적장애인의 부적응 또는 도전적 행동에 대해 주목하게 된다. 우리는 지적장애인이 자신의 직장에서 안전하다고 느끼는지, 직업적으로 건강한 방식으로 성장하고 발전할 수 있을 만큼 안전한 지에 대해 거의 조사하지 않는다. 안전하다고 느끼지 않으면, 그 사람은 자신의 잠재력을 충분히 발휘할 수 없게 된다. 지적장애인이 투쟁, 도피, 얼어붙음 상태에 있을 때 뇌의 실행기능 측면은 침묵하게 된다.

권한 부여

진짜 선택과 가짜 선택이 있다. 지적장애인에게 자신이 어떻게 살고 싶은지 묻고, 그에 대해 말한 것을 격려해 주고 문서로만 기록하는 것은 진짜 선택이 아니다. 진짜 선택은 원하면 직장을 그만둘 수 있는 것, 5~6년 동안 매일 변경을 요구하지 않고도 거주지를 변경할 수 있는 것이다. 진짜 선택은 자신이 누구인지, 무엇을 원하는지, 어떻게 변화를 시작하는지 방법을 아는 것이다.

내가 수년간 함께 일한 많은 지적장애인은 선택권을 강하게 주장하고 필사적인 행동으로 그들의 삶에 변화를 일으키려고 노력했다. 예를 들어, 조(Joe)는 이사를 하겠다고 여러 번 요구했다. 어느 날 좌절감에 빠진 조는 가구를 버리고 자신의 물건을 파손했다. 그러고 난 후 조는 곧 이사를 갔다. 이것은 우리가 흔히 보는 시나리오다. 지적장애인들은 실제로 변화를 일으키기 위해 필사적인 행동을 취한다. 많은 기관에서 말만으로는 부족하다. 말을 못하는 지적장애인도 여전히 자신이 원하는 것을 표현할 수 있다. 우리가 지적장애인에게 변화를 만드는 유일한 방법은 부정적인 행동을 통해서라고 가르친다면, 전통적인 행동주의 모델을 강화하게 되고 지적장애인의 요청과 선호가 아닌 극단적인 행동에만 반응하도록 가르치고 있는 것이다.

권한 부여는 진짜 선택에 관한 것이다. 인생을 바꾸기로 선택하는 것은 권리이다. 함께 사는 사람을 선택할 권리와 관계를 선택할 권리가 있다. 지적장애인들 중 많은 사람은 제한적인 여가활동만을 하고 있다. 또 다른 사람은 자신이 선택하지 않은 여가활동을 하고 있다. 여전히 다른 지적장애인은 종사자의 차 뒷좌석에 타면서 자신의 삶이 아니라 종사자의 삶을 살아간다. 이것은 선택이 아니다.

선택이 없으면 힘이 없는 것과 같다. 허먼(1997)에 따르면, 힘이 없다는 것은 트라우마로부터 치유할 희망과 능력이 없음을 의미한다. 서비스 대상자들은 삶 전체가 자신의 요구사항을 전혀 고려하지 않는 주변 사람들에 의해 구조화된 삶의 틈바귀에 갇혀 있다. 종사자들은 문을 닫은 채 그들이 봉사해야 할 사람들의 요구나 선호를 전혀 고려하지 않고 지적장애인의 모든 일상 활동을 결정하고 있다. 자원의 부족, 훈련의 부족, 인식의 부족이 모든 문제의 원인이다 (McLaughlin & Wehman, 1992).

만약 다른 사람이 당신을 따라다니며 해야 하는 일을 대신 결정하고, 타인의 지시만을 따라 평생을 보낸다면 당신은 주도권을 행사하거나 선택할 능력을 잃게 될 것이다. 지적장애인이 이의를 제기하지 않는다고 해서 그들이 자신의 삶을 스스로 정하는 것을 좋아하지 않는다는 의미는 아니다. 여러분이 원하는 삶의 방향을 스스로 결정하지 못한 채, 단 하루가 아니라 평생 동안 다른 사람의 지시에 따라 살다가 죽는다고 상상해 보라. 이렇게 사는 것이 많은 지적장애인의 삶의 방식이다. 지적장애인이 수년 전에 일어났던 트라우마를 잘 회복하지 못하는 것은 당연한 것이다.

연대감

허먼(1997)에 따르면 정서적으로 고립된 사람은 치유 과정을 시작할 수 없다. 관계를 통한 타인과의 연결은 세상을 향한 창이자 자아를 비추는 거울이다. 다니엘 시겔(Daniel Siegel, 2010)은 관계 속에서 두 마음이 만나는 지점에서 일어나는 진정한 의식에 대해 썼다. 우리는 다른 사람과의 연결에 의해 존재의 타당성이 인정된다. 시겔에 따르면 그때가 바로 자신의 존재를 의식하고 자각할 때이며, 의미 있는 수준에서 다른 사람과 정신적 관계를 맺고 있을 시간이다.

지적장애 분야에서 지적장애인과 지역사회 내 사람들 사이의 연결을 도모하는 움직임이 있었다(Wolfensberger, 2011). 비록 이것이 이론적으로는 매우 흥미로운 관점이지만, 종종 그 결과는 지역사회 기반 기관들이 서비스를 제공받는 지적장애인들이 어떻게든 그들 스스로 지역사회에서 연결을 만들어 내고 친구관계를 찾을 것이라고 믿기 시작한 것이었다. 안타깝게도 이런 일은 일반적으로 일어나지 않는다. 대부분의 기관은 지적장애인들이 그들의 친구들과 연결될 수 있도록 노력을 하지 않았거나 아니면 그 일의 중요성을 종사자에게 알려 주지 않았다. 자신이 노력으로 스스로를 변화시킬 수 없다면 사회생활을 영위하기는 어려울 것이다.

교회의 친절한 성도나 지역사회 이웃이 일상생활에서 지적장애인들에게 스스로 다가가 손을 내민다고 가정할 수는 없다. 이런 일은 예외적으로 일어날 수 있지만 우리 사회에서 일반적인 것은 아니다. 프로그램 관리자와 심리학자는 지적장애인 간의 관계를 어떻게 강화할 수 있는지 그 방법을 검토할 필요가 있다. 또한 우리는 사랑과 연애를 촉진하는 것을 도울 필요가 있다. 권한이 증진되지 않은 지적장애인은 연결을 시도할 수 없다. 종사자들과 지적장애인이 쉽게 또 지속적으로 연대할 수 있는 방법을 항상 자문할 필요가 있다.

관계는 프로그램상의 이슈가 되었다. 즉, 진전의 이슈이다. 바로 선택과 연결이다. 실제로 지적장애인이 연결을 통해 데이트를 하고 관계를 맺고, 자신과 다른 사람들에 대해 배울 수 있도록 허용해야 하며 또 이를 도와야 한다. 기관들은 이것을 장려할 수 있는 자원을 가지고 있고 또 많은 기관들이 그렇게 한다. 그러나 일부 다른 기관들은 사랑과 성(性)은 물론 우정마저도 격려하기를 두려워한다.

연애 프로그램

기관이 서비스를 받는 지적장애인의 행복을 위해 헌신할 때 그 기관은 개인 간의 관계를 지원할 방법을 찾는다. 사랑과 성(性)은 교육을 필요로 한다. 임신을 두려워해서는 안 된다. 지적장애인들을 교육하고 정보에 입각한 선택을 촉진해야 한다. 내가 아는 많은 장애인 부부는 자녀양육에 필요한 재정적, 신체적, 정신적 헌신에 대해 충분히 교육을 받은 후 자녀를 갖지 않기로 결정했다. 하지만 그들은 관계를 유지하는 방법을 찾을 수 있었고 많은 경우는 결혼을 했다.

지적장애인이 안전감을 느끼고 권한을 부여받고, 연대감이 형성되면 더 이상 행동계획을 수립하지 않아도 되므로 심리학자나 심리학과 연관된 일을 하는 사람이 취할 최고의 역할은 장애인 부부에게 상담을 제공하는 것이 될 것이다. 치료사가 보다 구체적인 수준의 의사소통을 촉진할 때 장애가 없는 이들에게 사용되는 기술이 지적장애인들에게도 똑같이 효과가 있다는 것을 발견했다.

만약 기관이 연애와 우정을 기반으로 한 관계를 구축하고 유지하는 데 지적장애인들을 지원할 수 있다면, 기관은 추가 종사자 채용, 행동중재, 종사자 이직 등의 비용을 절감할 수 있다는 것을 알게 될 것이다. 친구와 애인이 있는 행복한 사람들은 종사자의 지원이 훨씬 덜 필요하다. 그리고 종사자들은 서비스를 제공하는 지적장애인들이 행복하여 함께 일하기가 훨씬 쉬워질 것이므로 일을 그만두는 경우가 적어질 것이다. 이것은 우리 모두가 이 분야에서 일하면서 알고 있는 것이다. 지적장애인 간의 강화된 관계는 연대감을 증진시켜 실행 가능하고 효과적인 사회적 네트워크를 생성한다.

종종 지적장애인 중 다른 사람과 관계를 맺기를 원하지 않는 사람들이 있는데 이것도 괜찮다. 어떤 이들은 지역사회 사람들과의 관계를 모색하는 것을 선택할 수도 있다. 사실 다른 사람들은 혼자 있는 것을 더 좋아할 수도 있다. 그것도 괜찮다. 그러나 우리의 자원을 관계에 대한 아이디어를 바탕으로 가짜 선택이 아닌 진짜 선택을 제공하기 위해 사용하길 바란다. 그러면 우리가 서비스를 제공하는 지적장애인들은 진짜 선택과 진짜 연대감을 만들 수 있게 된다.

우정 프로그램

대부분의 비영리 기관과 국가기관들이 현재도 예산 삭감의 고통을 느끼고 있지만 여전히 펀드 할당 및 행정 업무 분장에 대해 결정할 수 있는 여지가 있다. 펀드의 일정 부분이나 특정 직책의 할당은 지적장애인 개개인의 사회적 참여 기회를 늘리는 데 초점을 맞출 수 있다. 만약 지적장애인들에게 서비스하는 조직의 문화가 사회적 상호작용과 우정의 발전을 촉진한다면 지적장애인 우정은 훨씬 더 깊어질 것이다. 사실 행동문제와 이를 해결하기 위해 사용하는 비용은 우정이 증가함에 따라 줄어들 가능성이 높다.

마틴 셀리그먼(Martin Seligman)은 그의 저서 『플로리시(Flourish)』(2011)에서 우정의 긍정적인 효과에 대해 썼다. 그는 긍정적인 관계와 회복력은 높은 상관관계를 가진다고 보고했다. 이러한 상관관계는 군인들 사이에서도 발견되었다. 가장 강한 우정과 긍정적 관계를 보고한 군인들은 외상후 스트레스장애(Posttraumatic Stress Disorder: PTSD)에 가장 잘 견뎠다. 카터 외 연구진(Carter et al., 2011)은 사회적 지지를 받은 군인들이 그렇지 않은 군인보다 외상후 스트레스장애가 현저히 적다는 것을 발견했다. 특히 193명의 군인들을 대상으로 한 연구에서 긍정적인 배우자와의 관계로부터 받는 지지가 가장 큰 도움이 된다는 것을 알아냈다.

지적장애인들도 동일하다. 지적장애인의 회복력을 강화하기 위해서는 우정이 필요하다. 지적장애인으로 사는 삶의 많은 측면에서 트라우마적인 영향을 피하기 위해 배우자나 중요한 다른 사람들 또는 많은 친구들이 필요하다. 가장 중요한 것은 지적장애인에게 돈을 지불한 고용된 관계가 아닌 진짜 진정한 관계를 형성할 기회가 필요하다는 것이다. 셀리그먼(2011)에 따르면, 이것은 인간 생활에 있어서 행복의 결정적 요소이며 행복을 추구할 권리는 모든 인간에게 양도할 수 없는 권리이다. 관계 추구는 종사자와 기관에 의해 지원되거나 약화될 수 있으며 모든 것은 재정이 아닌 관심에 달려 있다.

참고문헌

Carter, S., Loew, B., Allen, E., Stanley, S., Rhoades, G., & Markman, H. (2011). Relationships between soldiers with PTSD symptoms and spousal communication during deployment. *Journal of Traumatic Stress, 24*, 352–355.

Herman, J. (1997). *Trauma and recovery*. New York: Basic Books.

McLaughlin, P. J., & Wehman, P. (Eds.). (1992). *Developmental disabilities: A handbook for best practices*. Boston: Andover Medical Publishers.

Seligman, M. (2011). *Flourish*. New York: Free Press.

Siegel, D. J. (2010). *The mindful therapist: A clinician's guide to mindsight and neural integration*. New York: W. W. Norton.

Wolfensberger, W. (2011). Social role valorization: A proposed new term for the Principle of Normalization. *Intellectual and Developmental Disabilities, 49*, 435–440.

12

지금 여기에
발을 내딛다

잘못된 통제

트라우마로부터 회복하려면 정말 필요한 것은 무엇일까? 주디스 허먼(Judith Herman, 1997)은 "생존자로부터 힘을 빼앗는 중재는 어떤 것이라도 그 사람을 회복시키는 데 도움이 되지 않는다."라고 주장했다. 행동통제의 책임을 종사자의 손에 맡기는 행동계획을 실행함으로써 우리는 지적장애인의 힘을 빼앗는다. 행동을 통해 얻고자 하는 것이 무엇인지 판단하는 기능평가와, 돌발행동과 어려움을 통제하는 방법을 지시하는 절차를 통해 우리는 종사자들에게 그들이 담당하고 있는 지적장애인의 행동에 대해 책임이 있다는 메시지를 주었다. 지적장애인은 자신을 스스로 통제할 수 없으며, 종사자들이 지적장애인의 행동을 통제할 수 있는 방법을 교육받을 수 있도록 행동계획이 있어야 한다는 메시지를 받는다. 종종 행동상의 문제가 있을 때, 계획의 실행과 상관없이 종사자들은 계획을 올바르게 이행하지 않았다는 비난을 받는다. 따라서 종사자는 전문가적인 방식으로 지적장애인을 통제하지 못한다는 책망을 받는다.

종사자들은 종종 비공개로 자신들의 계획을 실행하고 있다. 이것은 이 분야의 많은 사람이 말하는 '기록되지 않은 계획(the unwritten plan)'이다. 지적장애인은 이러한 상황에서 괴롭힘을 당하거나 지나치게 통제될 수 있다. 내 경험에 따르면 이 경우에 지적장애인은 종종 예측할 수 없는 돌발행동을 하거나 반복적으로 도망치려고 한다. 문제행동은 무력하게 된 지적장애인이 힘을 주장할 수 있는 유일한 방법이다. 부모와 자녀 사이에 드물게 허용될 수도 있지만 한 성인이 다른 성인을 대할 수 있는 방법은 아니다.

게다가 심리학자는 그 계획이 지켜지든 지켜지지 않든 상관없이 행동계획을 작성하는 데 많은 돈을 청구한다. 돈은 대개 특정 지적장애인에게 서비스를 제공하기 위해 할당된 돈에서 지출된다. 그 비용으로 인해 지적장애인이 자신의 삶에 대한 권한을 가지고 선택할 수 있는 여가, 휴가 및 기타 활동을 위한 돈은 줄어들게 된다. 대부분의 지적장애인은 자신과 관련된 재정적인 문제에 대해 어떠한 힘이나 발언권을 가지고 있지 않다. 대신 사례관리자, 집 관리인, 심지어 부모가 지적장애인에게 할당된 돈을 어떻게 사용할지 결정한다. 지적장애인이 결정을 내리는 경우는 거의 없다. 그리고 이들은 지적장애인의 행동을 통제하기 위한 행동계획을 작성하는 데 돈이 사용되어야 한다고 결정짓는 사람들이다.

다른 사람이 우리가 변하기를 원하고, 얼마나 변화해야 하는지 이야기하고, 변화하도록 조작하거나 속이려고 할 때 우리는 보통 저항한다는 것을 안다. 결혼해서 어떤 식으로든 배우자의 행동을 바꾸려고 노력하는 사람은 상대 성인이 변화를 강요한 자신에게 저항하는 방식에 익숙할 것이다. 지적장애성인들도 다르지 않다. 지적장애인

은 자신의 힘을 되찾길 원한다. 그들은 단지 조언을 원한다. 지적장
애인들도 여전히 그/그녀의 삶의 방향을 결정짓는 집단의 사람들처
럼 가짜가 아니라 진짜처럼 느껴지는 방식으로 삶의 방향을 이끌고
싶어 한다.

만약 다른 사람들이 내 삶의 방향을 결정한다면 나는 절망감과 트
라우마를 느꼈을 것이다. 어른의 몸속에 있는 어린아이 같은 기분이
들 것이다. 또한 외로움을 느낄 것이다. 많은 지적장애인도 이런 식
으로 느끼고 결과적으로 그들에게 제공되는 서비스에 대해 분노할
것이라고 확신한다. 지적장애인이 '질풍노도의 시기'를 겪고 있다고
말할지도 모른다. 나도 가끔 이런 말을 하기도 했다. 하지만 틀렸다.
신체적, 정서적 차원에서 그들은 성인이다. 영혼이 있는 성인. 우리
가 깨닫는 것보다 더 깊은 의식이 있다. 그리고 고통도 있다.

EMDR과 지적장애

지적장애인들이 치료의 한 형태로 EMDR을 받고 있는 매우 흥미
로운 연구가 현재 진행 중이다. 린 불러(Lynn Buhler, 2011)는 트라우
마가 있는 지적장애인을 대상으로 박사학위 논문을 위한 연구를 진
행하고 있다. 그녀는 단일 및 복합 트라우마 사건과 외상후 스트레
스장애(Posttraumatic Stress Disorder: PTSD) 증상의 상관성을 다루기
위해 체계적으로 EMDR을 사용하고 있다. 다양한 치료 방법을 광범
위하게 검토한 후 린 불러는 EMDR이 지적장애인에게 가장 유용한
적용 프로그램이 될 것이라고 결론지었다. 나는 10년 넘게 이러한
치료법을 사용해 왔기 때문에 분명히 동의한다. EMDR은 지적장애

인을 대상으로 치료할 때 매우 효과적인 도구이다.

조셉

    최근에 종사자들과 많은 힘겨루기를 하고 매번 종사자의 기대를 무시하여 의뢰된 사람과 일을 했다. 나는 처음에 행동적 중재 대신 치료를 할 것을 권했다. 조셉(Joseph)은 청각장애를 가지고 있었고 그의 히스토리에 대해 알려진 것이 많이 없었다. 조셉은 내가 몇 년 간 근무했던 기관에 있었다. 그를 감독하는 시간이 늘어나고 종사자가 좀 더 직접적으로 돕고 지도해야 한다는 말을 듣기 전까지 조셉은 아무런 문제가 없었다. 조셉이 우리에게 했던 것은 종사자가 없는 게 낫겠다는 말뿐이었다. 동네에서 종사자가 조셉과 함께 걷고 있을 때 조셉은 큰소리를 냈다. 종사자는 그 소리를 듣고 사람들이 돌아서서 그들을 쳐다보면 화가 났다. 종사자는 조셉이 이러한 행동을 멈추길 원한다고 내게 말했다.

    내가 파고들어 조셉과 이야기를 나누면서 그의 원망을 발견했다. "나는 성인이야." "난 이 사람들이 필요 없어." 마침내 조셉은 그가 겪은 끔찍한 자전거 사고를 묘사하기 시작했다. 조셉은 거리에서 자전거를 타다가 트럭에 치여 의식을 잃고 크게 다쳤었다. 조셉은 여러 곳에서 자전거를 타는 것을 좋아했다. 정기적으로 2시간 동안 자전거를 타고 해변에 갔다. 그는 수년간 자전거를 탐으로써 많은 독립심을 가지고 있었다. 하지만 이제 조셉은 자전거 타기를 두려워했다. 조셉은 자신의 사고와 병원에서 깨어났을 때의 끔찍한 고통에 대한 플래시백을 설명했다. 다시 자전거를 타는 것이 두렵다고 말했다. 나는 조셉에게 단일 트라우마의 영향을 직접적으로 다루기 위해

EMDR에 참여하고 싶은지 물었고 조셉은 동의했다.

첫 번째 EMDR 회기가 있던 날 종사자가 우리와 함께 했다. 우리는 단일 트라우마 사건을 다루기 위해 프란신 샤피로(Francine Shapiro, 2001)가 개발한 프로토콜을 사용하여 작업했다. 첫 번째 회기가 끝날 때쯤 조셉에게 사고는 매우 불안해하던 것에서 약간의 불안감으로 바뀌었다. 1점에서 10점 중 3점. 다음 주에도 조셉은 계속해서 트라우마를 치료하기 위해 열심히 왔다. 다시 EMDR을 실시하였다(이 작업에 대해 EMDR 협회로부터 적절한 교육 및 인증을 받았다). 불안감 지수는 10점 만점에 3점으로 조셉을 방해하던 것이 0점으로 변했다. 그리고 나서 조셉은 그 자리에 있는 종사자 쪽으로 몸을 돌려 자전거를 구하기 위해 도움을 요청했다.

종사자는 행복했을까? 아니다. 그 종사자는 나를 향해 "좋아요! 이제 조셉은 도망칠 겁니다."라고 말했다. 종사자는 조셉이 방랑벽이 있다고 생각하는 것 같았다. 조셉은 자신의 삶을 통제하길 원했고 필요했다. 종사자에게 조셉의 자전거를 가져오라고 권했다. 그들은 주저했고 나는 나의 생각을 더 지지했다. 그러는 동안 조셉은 자전거 없이 도망쳤다. 아마 자전거를 하나 찾으러 갔을 것이다. 그가 돌아올 것이라고 종사자를 안심시켰다. 조셉은 며칠 후에 돌아왔다.

조셉은 나중에 장애지원에 의해 서비스를 받기 전까지 자신의 삶의 대부분을 떠돌이처럼 살았다고 말했다. 조셉에게는 자신을 데려다 줄 종사자가 한 명 있었으며 마치 친구처럼 행동할 줄 아는 사람이었다. 그러나 다른 종사자는 종사자와 내담자의 힘의 관계를 매우 잘 알고 있었고 지역사회에서 조셉을 담당하고 있다는 사실을 명확히 하길 원했다. 이것은 지역사회에서 협상할 수 없는 힘의 차이를 설정하는 전통적인 통제모델이다. 조셉은 자전거를 타는 것이 두려웠기 때문에 이 종사자에게 의존한다고 느꼈다. 조셉은 종사자의 여러 지시를 따르지 않음으로써 의존에 대한 자신의 혐오감과 자유를 잃은 것에 대한 허탈함을 보여 주었다. 그들은 서로 대치하고 있었다.

EMDR은 조셉에게 힘을 돌려주었다. 그것은 구체적인 트라우마 사건과 관련된 감정에 대해 매우 세밀한 방식으로 작용했다. 조셉은 자전거를 타기 전부터 힘이 솟는 기분이 들었다. 조셉은 이제 자전거를 가지고 있으며 훨씬 더 좋은 헬멧을 쓰고 정기적으로 자전거 여행을 한다.

인지행동치료

존경받는 심리학자는 최근 2009년 책에 "인지 재구조화는 정신질환이나 정신적 결함(예: 자폐성장애, 지적장애)을 보이는 대상에게 적합하지 않을 수 있다."라고 기술했다. 지적장애인과 함께 20년 넘게 인지 재구조화와 인지적 행동 기술을 사용해 온 사람으로서 나는 기분이 불쾌했다. 내가 현장에서 일을 시작했을 때, 많은 사람들은 '이 사람들'과는 치료를 할 수 없다고 말했다. 그 평가는 너무나 잘못되었다. 인지 재구조화는 치료사가 적절한 인지수준에서 수행할 때 실제로 매우 효과적이다.

많은 트라우마를 경험한 사람을 위해 개발한 한 가지 기술은 다음과 같은 접근방식을 취한다. 첫째, 지적장애인은 치료사에게 자신의 이야기를 들려준다. 모든 치료사가 알고 있듯이 이것은 오랜 시간이 걸리고 많은 신뢰가 필요할 수 있다. 그런 다음 치료사는 그 이야기를 다시 들려준다. 리텔링에서 이야기는 서사적 이야기가 되고 지적장애인은 위대한 영웅 오디세우스의 역할을 맡게 된다. 개개인에게 자신의 이야기를 되풀이하듯 들려주고 영웅으로서 함께 재구성하는 것, 그것이 바로 자기 자신에 대한 관점을 구조화하는 데 큰 효과가 있다. 그런 다음 치료사는 이것을 계속해서 강화해야 한다. 강화하는 또 다른 방법은 내가 개발한 워크북 『회복에 대한 나의 책(My Book About Recovery!)』(Harvey, 2009)을 통해서 가능하다. 나는 효과적인 치료를 위한 가이드라인으로 생각해 낸 여러 기법과 워크북을 기술한 책을 치료사를 위해 썼다. 같은 주제에 대해 이중진단협회(National Association on Dual Diagnosis: NADD)가 펴낸 훌륭한 책들도 있다. 많은 치료사들이 실제로 치료를 하고 있고 지적장애인에게 인지행동치료를 적용하고 있다(Fletcher, 2010).

치료가 이 책의 주제였다면, 나는 정신건강 전문가가 지적장애인과 함께 일할 때 사용할 수 있는 더 많은 기술과 접근방식에 대해 자세히 설명했을 것이다. 대신에 나는 기관의 제공자들이 활용할 수 있는 정신건강 전문가를 설명하였고, 이러한 전문가들이 트라우마가 있는 지적장애인의 치료에 대해 얼마든지 치료적 접근을 할 수 있고 또 해야 한다는 확신을 갖도록 권장하고 싶다.

치료를 위한 조건

치료를 위해서는 11장에서 설명한 회복모델의 조건이 포함되어야 한다. 지적장애인이 안전하지 않거나 안전하다고 느끼지 않으면 치료는 효과적일 수 없다. 회복은 지적장애인이 안전하다고 느끼는 상황에 있는 경우에만 시작할 수 있다. 이는 안전한 종사자, 안전한 직장, 안전한 집을 의미한다. 지적장애인이 안전하다고 느끼지 않는 한 회복을 시작할 수 없다. 프로그램이 지적장애인을 안전하다고 평가 하지만, 지적장애인 스스로 안전하다고 느끼지 않는다면 회복은 시 작할 수 없다.

지적장애인이 타인으로부터 소외되고 고립된 경우 치료는 개인 에게 편안한 방식으로 다른 사람과 다시 연결하는 것을 포함해야 한 다. 트라우마는 지적장애인이 자신의 삶에서 다른 사람과 연결되어 있다고 느낄 때까지 해결할 수 없다. 그리고 앞서 언급했듯이 지적 장애인이 자신의 삶에 어떤 힘도 가지고 있지 않다고 인식한다면 회 복은 일어날 수 없다. 무력한 사람은 트라우마로부터 회복과 관련된 치료작업을 수행할 희망, 에너지, 내부적 자원을 가지고 있지 않다. 이러한 사람은 자신의 삶에서 가짜가 아닌 실제적인 선택을 할 수 있 는 힘과 어느 정도 다른 사람에게 영향을 줄 수 있는 능력이 있어야 한다. 보이지 않는 사람은 회복되지 않는다.

지금 여기에 발을 내딛다

트라우마로 고통받는 지적장애인이 회복과정에 참여할 수 있도록 돕는 것은 공동체로서 우리 모두의 과제이다. 안전감과 권한 부여, 연대감을 보장하여 회복의 발판을 마련해야 한다. 정신건강 전문가, 심리학자, 사회복지사 및 자격증을 가진 석사 수준의 심리학자를 치 료과정에 참여시켜야 한다. 행동계획만으로는 충분하지 않다. 잘못 된 계획은 충분하지 않을 뿐만 아니라 오히려 회복에 장애물이 된 다. 현재 지적장애 분야의 정신건강 전문가들은 지적장애인과 함께 사용하기 위해 증거기반 치료 접근법을 채택하고 적용하는 것을 진지하게 검토해야 한다. 지적장애인들은 치료로부터 혜택을 받을 수 있다. 우리는 그 치료를 용기 있게 수행하도록 치료사를 훈련시키고 참여시키기 위해 더 열심히 노력해야 한다. 선택의 여지가 없다.

지적장애인이 풍요롭고 만족스러운 삶을 영위할 수 있기를 원한다면, 우리는 지적장애인이 유치원 교실에 들어갔다가 다른 곳에 속해 있다는 말을 들은 날부터 그들의 삶에 있었던 트라우마를 해결해야 한다. 단지 장애가 있고 잘못된 시기에 잘못된 장소에 있었다는 이유만으로 성적, 신체적, 정서적으로 학대를 당했던 사람들의 삶에서 훨씬 더 거슬러 올라가야 한다. 코카인, 알코올 및 기타 다양한 약물을 섭취함에 따라 자궁에서 육체적으로 트라우마를 입은 사람들을 위해 더 멀리 돌아가야 한다. 만약 우리가 회복을 돕고 싶다면 지적장애인이 겪는 수많은 수준의 트라우마를 다루어야 한다.

행동에는 이유가 있음을 이해해야 한다. 트라우마는 매일 발생한다. 지적장애인은 원하는 결과를 얻기 위해 환경을 조작하려고 하지 않는다. 단지 그들은 수년 동안 상실, 거부, 배제의 누적된 결과를 표현하고 있다. 이제 우리는 공동체로서 지적장애인이 견뎌 온 트라우마를 직면하고, 프로그램적으로, 치료적으로 그리고 인간적으로 다루어야 할 때이다.

만약 우리가 지적장애인의 입장이라면 어떤 종류의 서비스, 치료 접근법과 행동중재를 사용하기를 바라겠는가? 나는 당신이 그 질문에 대한 답을 찾고 그것을 사용하도록 도전한다.

참고문헌

Buhler, L. (2011). *Effectiveness of therapy for adults with psychotherapy.* Unpublished doctoral dissertation.

Fletcher, R. (2010). *Psychotherapy with individuals with intellectual disabilities.* Kingston, NY: NADD Press.

Harvey, K. (2009). *My book about recovery!* Available at http://pid. thenadd.org/My%20Book%20About%20Recovery.pdf

Herman, J. (1997). *Trauma and recovery.* New York: Basic Books.

Shapiro, F. (2001). *Eye movement desensitization and reprocessing (EMDR): Basic principles, protocols, and procedures.* New York: Guilford Press.

찾아보기

내용

저자 소개

Karyn Harvey

Karyn Harvey 박사는 지적 및 발달장애(ID/DD) 분야에서 30년 이상 임상의로 일해 왔다. 메릴랜드대학교에서 임상 심리학 석사학위와 응용 발달심리학 박사학위를 받았다. 현장에서 지적 및 발달장애인을 직접 지원했던 경험을 토대로 트라우마가 지적 및 발달장애인의 행동문제에 중대한 영향을 미친다는 사실을 발견하고 트라우마로부터 회복하는 데 필수적인 요소인 안전감(safety), 연대감(connectedness), 권한 부여(empowerment)를 지적 및 발달장애인에게 제공해야 한다고 주장하고 있다. Harvey 박사는 미국과 캐나다의 여러 주립기관과 민간기관을 컨설팅하고 다양한 기관의 종사자, 치료사, 임상의에게 트라우마 기반 보살핌(trauma informed care)에 대한 이론과 구체적인 실천방법을 교육하고 있다. 그동안 지적 및 발달장애인을 위한 치료적 중재에 관해 많은 기사를 썼으며,『긍정적인 정체성 개발(Positive Identity Development)』(2009)이라는 책을 집필하였다. 현재 정신건강 전문기관인 파크 애비뉴 그룹(The Park Avenue Group)에서 교육과 프로그램을 개발하는 책임자로 일하면서 장애인을 포함하여 많은 사람의 트라우마를 치유하고 있다.

역자 소개

강영심(Young-sim, Kang)

부산대학교 교육학과에서 학사, 석사, 박사 학위(교육심리 및 상담심리 전공,
지적장애 인지개발)를 받았다. 미국 유타주립대학교 특수교육연구소에서 박
사 후 과정을 마치고 1995년부터 부산대학교 특수교육과 교수로 재직 중이다.
주요 경력은 국가인권위원회 장애차별 조정 위원, 한국지적장애교육학회장,
부산대학교 평생교육원장 등이며 저·역서에는 『특수교육학개론』(공저, 학지
사, 2019), 『다중지능과 교육』(공역, 중앙적성출판사, 2004), 『최신행동치료』
(5판, 공역, 센게이지러닝, 2011) 등이 있다. 2010년 대학생 해외봉사단 단장
으로 러시아 사할린에서 징용으로 끌려갔다 고국으로 돌아오지 못하고 학살당
한 우리 동포의 무덤을 찾는 봉사활동을 하다가 몸과 마음이 힘든 경험을 하였
다. 이후 뇌신경생물학과 트라우마에 관심을 갖고 지속적으로 자기치유의 작
업을 하고 있으며, 휄든크라이스 MBS(Mind-Body Studies) 교사, EMDR(Eye
Movement Desensitizing and Reprocessing) 치료사, TRE(Trauma Releasing
Exercise) 프로바이더, 예술심리상담가로서 특수교육자, 장애인과 가족 등 다
양한 내담자를 만나고 있다. 최근에는 표현예술을 통한 심리적 지원 방안과 장
애학생의 문제행동에 대한 트라우마 기반 공감적 중재 방안의 개발을 위해 노
력하고 있다.

손성화(Sung-hwa Son)

부산대학교 특수교육과에서 특수교육학 석사 및 박사 학위를 취득하였다. 부산대학교 교육발전연구소 박사 후 연구원을 거쳐 현재 부산대학교 특수교육과 및 부산교육대학교 유아교육과 강사로 재직 중이다. 또한 성인발달장애인을 위한 비학위과정인 PNU 꿈나래 대학의 진로 · 직업교육과정 책임강사로 활동 중이다. 관심분야는 지적 및 발달장애인의 트라우마와 행복감, 애착, 기본심리욕구 등 심리 · 정서이며, 이들이 행복한 성인, 직업인으로 살아가도록 돕기 위한 자립 및 진로지원에 중점을 두고 연구하고 있다. 보건복지부 · 울산광역시 발달장애지원센터에서 발간한 「성인발달장애인 실태조사 및 복지지원체계 강화방안」(공저, 부산복지개발원, 2016)에 공동연구원으로 참여하였으며, 교육부 · 한국연구재단 인문학술연구교수지원사업의 연구책임자로 지적 및 발달장애인의 행복, 진로결정과 자립생활에 관한 연구를 수행하였다. 주요 논문은 「지적장애학생을 위한 트라우마 기반 문제행동 중재방안 탐색」(공저, 지적장애연구, 2021), 「포토보이스를 통한 발달장애청년의 자립생활에 대한 의미와 경험 탐색」(공저, 특수교육학연구, 2021)이며 20편 이상의 논문을 발표하였다.

문제행동 뒤에 숨어 있는 트라우마
-지적장애인을 위한 트라우마 기반 행동중재-

Trauma-Informed Behavioral Interventions:
What Works and What Doesn't

2022년 9월 5일 1판 1쇄 인쇄
2022년 9월 10일 1판 1쇄 발행

지은이 • Karyn Harvey
엮은이 • 강영심 · 손성화
펴낸이 • 김진환
펴낸곳 • ㈜**학지사**

　　　　　04031 서울특별시 마포구 양화로 15길 20 마인드월드빌딩
대표전화 • 02-330-5114　　팩스 • 02-324-2345
등록번호 • 제313-2006-000265호

홈페이지 • http://www.hakjisa.co.kr
페이스북 • https://www.facebook.com/hakjisabook

ISBN 978-89-997-2740-5　93370

정가 15,000원

출판미디어기업 **학지사**
간호보건의학출판 **학지사메디컬** www.hakjisamd.co.kr
심리검사연구소 **인싸이트** www.inpsyt.co.kr
학술논문서비스 **뉴논문** www.newnonmun.com
교육연수원 **카운피아** www.counpia.com